irse

dejar ir

LA PÉRDIDA AMOROSA

Mario Zumaya *&* Sergio Zurita

irse

o

dejar ir

LA PÉRDIDA AMOROSA

Mario Zumaya *&* Sergio Zurita

México D.F.•Barcelona•Bogotá•Buenos Aires•Caracas•Madrid•Montevideo•Miami•Santiago de Chile

Irse o dejar ir. La pérdida amorosa

1ª edición septiembre de 2012

D.R. © 2012, Mario Zumaya y Sergio Zurita
D.R. © 2012, Ediciones B México S. A. de C. V.
    Bradley 52, Col. Anzures, 11590, México, D. F.

www.edicionesb.mx

ISBN 978-607-480-359-4   7/16 6098 3342

Para Alicia:
Mi amor por ti fue lo más importante de mi vida.
Me hizo comprender quien soy

Mario Zumaya

A Leonora, a manera de despedida

Sergio Zurita

Introducción a manera de advertencia al lector

Mario Zumaya

> Bienvenido sea el dolor porque nos muele
> la sangre
> y nos lastima y nos hace gritar y estar
>   despiertos
> y es bueno y es rojo y tiene prisa.
> Bienvenido el dolor porque aprendemos;
> bienvenido porque le pone cuerpo a la
>   esperanza.
>
> —Alejandro Aura

El libro que tienes en tus manos, estimado lector, ha sido para los autores tan doloroso como importante de elaborar, de construir. En el proceso de hacerlo uno de nosotros ha entrado en una separación y al proceso de un muy probable divorcio, mientras que el otro se encuentra en plena crisis de pareja, con la consecuente pérdida y necesaria reconstrucción de la imagen mutua del otro, de resultados inciertos hasta el momento de escribir estas líneas. Dicho de otra manera: los proponentes de la pareja como la más importante y valiosa de las relaciones humanas, de lo que no nos retractamos en absoluto, estamos cerca de perderlos.

La construcción del libro no ha tenido que ver con ello de manera directa, esto es, hacerlo no nos ha llevado a los diferentes procesos que menciono, pero sí nos ha hecho más conscientes de los fenómenos involucrados al vivirlos de lleno y en "tiempo real". Esto es, hemos aprendido bastante más sobre las pérdidas amorosas practicándolas y construyendo este libro.

Como mencionamos desde su inicio y una y otra vez a lo largo de sus páginas, la ineludible separación amorosa, sea transitoria en tanto se establece una nueva pareja o definitiva en tanto la muerte física de uno de sus integrantes, es uno de los procesos psicosociales más estresantes, dolorosos y valiosos que podemos vivir: nos confronta con nuestros errores y aciertos, con nuestras faltas y recursos, con lo que creemos de nosotros mismos, con nuestra capacidad de autoengaño. Nos confronta también y de manera despiadada con nuestro terror más profundo: el abandono por desamor y, con ello, el brutal cuestionamiento tanto de nuestro valor como seres dignos de ser amados como con nuestra mayor o menor capacidad amorosa.

Para formar una pareja se necesita la decisión acordada de dos personas, para romper la relación basta y sobra con sólo uno y, por supuesto, existen dos procesos de ruptura diferentes: abandonar y ser abandonado. El primero ocurre porque la relación ha dejado de ser satisfactoria y promisoria para alguno, sea por un proceso irreversible de decepción, sea por falta de energía para la reconstrucción de la pareja, sea por incapacidad transitoria o permanente para la vida como pareja, sea por la menos íntegra, por desleal, de las razones: el contraste negativo de la pareja que se abandona con un o una reluciente amante que se oculta.

Al abandonado o abandonada no le queda otra que enfrentar lo que en algún nivel de su consciencia siempre ha sabido o sabe: que la relación no estaba funcionando, que el desamor se había instalado en medio de los dos. *Cuando un presentimiento no crea razón, sólo infunde terror...*, como canta Ana Belén en la bella canción de Luis Eduardo Aute, "Siento que te estoy perdiendo".

En cualquiera de los casos lo que ocurre, la decepción, es la consecuencia de un desfase o diferencia en alguna o varias áreas vitales del desarrollo de los miembros de la pareja: erótica, intelectual, emocional, social. Y será irreversible en la medida de la brecha que se establece entre los dos.

En estas condiciones la pareja no fluye, no avanza como tal y obstaculiza, limita y constriñe las potencialidades de sus miembros en las áreas mencionadas. Recordemos que los seres humanos nos emparejamos para desarrollarnos, para llegar a ser quienes somos en un proceso que, idealmente, no termina nunca. Si mi pareja, o yo a ella, no estimula el desarrollo de mi capacidad amorosa, de mi erotismo; si no me ayuda a trascender mis limitaciones emocionales producto de la historia que viví antes de conocerla; si no me asiste, o yo ella, a iniciar o consolidar mis proyectos profesionales o familiares, si la vida intelectual entre ambos es una repetición incesante de sobadísimos temas, estamos en serios problemas.

Es cierto que el desarrollo de los miembros de la pareja no es simultáneo, no ocurre de la misma manera ni en las mismas áreas, pero si este desfase o falta de sincronía ocurre en un ambiente continuo de falta de atención e interés, de reproches mutuos, de silencios estruendosos y prolongados, de ausencia de risas y de un mínimo de ternura y respeto, de reconocimiento por lo que somos y por lo que hemos sido, la resultante a corto o largo plazo será la ruptura.

El muy desusado término de "voluntad de amar", la consistencia en la actitud amorosa hacia la pareja aun en sus peores momentos o crisis personales, pudiera ser el remedio para estas diferencias en el desarrollo, es cierto, pero la voluntad amorosa tiene límites y requiere de un mínimo de reforzamiento positivo. Dicho de otra manera: no podemos esperar que nuestra pareja tolere a perpetuidad nuestra falta de interés o consideración por ella, por no hablar de nuestras majaderías, incapacidad para ver más allá de nuestras narices, la violencia activa, masculina predominantemente, o la violencia pasiva, típicamente femenina.

Llegados a este punto de cansancio, deterioro y ausencia de "voluntad de amar" se habrán de tomar decisiones y se tendrá que negociar lo negociable: todo aquello que involucre bienes materiales. Lo que no es negociable es la indispensable delicadeza y cuidado que requiere todo proceso de separación: porque alguna vez nos amamos; por lo que fuimos y por quienes somos, por quienes seremos de nuevo. Sobre todo si tenemos hijos que pueden llegar a creer que terminar con una relación significa terminar con la persona. Nada más falso.

En este libro Sergio Zurita y yo, Mario Zumaya, entablamos cinco largas conversaciones sobre las pérdidas amorosas y, al hacerlo, necesariamente divagamos, espero que poco. Y digo necesariamente porque tocamos los "grandes temas": la muerte, la vida, el amor, el desamor, la tristeza… Temas que, esperamos, nuestros lectores retomen y utilicen como arsenal para la batalla que inevitablemente habrán de librar consigo mismos al afrontar valerosamente sus inevitables pérdidas amorosas.

MARIO ZUMAYA
Ciudad de México, mayo 2012

El despacho de **MARIANNE**, abogada. Está casada y tiene dos hijas. Su clienta es la **SEÑORA JACOBI**.

MARIANNE Cómo le va, señora Jacobi. Siéntese por favor. En esta primera cita, de lo que se trata es de establecer cuál es el problema. Ya luego veremos cómo resolverlo.

SRA. JACOBI Quiero divorciarme.

MARIANNE ¿Cuánto tiempo lleva casada?

SRA. JACOBI He estado casada veinte años.

MARIANNE ¿Ha trabajado fuera de su casa?

SRA. JACOBI No. He sido ama de casa, como se suele decir.

MARIANNE ¿Cuántos hijos tiene?

SRA. JACOBI Tenemos tres hijos. Ahora ya son adultos. El más joven está haciendo el servicio militar, la más grande está casada y la de en medio estudia en la universidad y no vive con nosotros.

MARIANNE Así que ahora está sola.

SRA. JACOBI Tengo a mi marido, por supuesto.

MARIANNE (*sonriendo*) Claro. ¿Él está en casa todo el tiempo?

SRA. JACOBI No, es profesor. Catedrático.

MARIANNE ¿Por qué quiere divorciare?

SRA. JACOBI No hay amor en mi matrimonio.

MARIANNE ¿Ésa es su razón?

SRA. JACOBI Sí.

MARIANNE (*sigilosa*) Pero han estado casados durante tanto tiempo. ¿Siempre ha sido así o...

SRA. JACOBI Sí, siempre ha sido así.

MARIANNE Y ahora que sus hijos se han ido de casa usted quiere terminar, ¿no es así?

SRA. JACOBI Mi marido es muy responsable. No encuentro en él ningún defecto. Es amable y cariñoso. Ha sido un padre excelente. Jamás hemos peleado. Tenemos un bonito departamento y una casa de campo que nos heredó su madre. A ambos nos interesa la música y somos miembros de una asociación de música de cámara —tocamos música juntos.

MARIANNE Suena ideal.

SRA. JACOBI Sí, ¿verdad? Pero no hay amor en nuestro matrimonio. Nunca lo ha habido.

MARIANNE Disculpe la pregunta, pero ¿por casualidad ha conocido a otro hombre?

SRA. JACOBI No.

MARIANNE ¿Y su esposo? ¿Ha conocido a alguien más?

SRA. JACOBI Que yo sepa, nunca me ha sido infiel.

MARIANNE ¿No van a quedarse muy solos?

SRA. JACOBI Sí, probablemente. Pero prefiero esa soledad que vivir en un matrimonio sin amor.

MARIANNE Disculpe la pregunta, ¿qué forma tiene esta falta de amor de la que habla?

SRA. JACOBI No tiene ninguna forma.

MARIANNE Entonces no comprendo.

SRA. JACOBI Es difícil de explicar.

MARIANNE ¿Ya le dijo a su esposo que quiere el divorcio?

SRA. JACOBI Naturalmente. Hace quince años le dije que ya no quería vivir con él, ya que no había amor en nuestro matrimonio. Él fue muy comprensivo. Sólo me pidió que esperara a que los niños crecieran. Ahora los tres han crecido y ya no viven en casa. Así que quiero mi divorcio.

MARIANNE ¿Y qué opina su esposo?

SRA. JACOBI Quiere que lo piense con cuidado. Me ha preguntado cientos de veces qué es lo que está tan mal en nuestro matrimonio como para que yo quiera dejarlo. Y yo le respondo que es imposible continuar en una relación en la que no hay amor. Entonces él me pregunta en qué se supone que debe consistir este amor. Y yo le he contestado cien veces que no lo sé, porque es imposible describir algo que no existe.

MARIANNE ¿Está usted en buenos términos con sus hijos? Emocionalmente, quiero decir.

SRA. JACOBI Nunca he querido a mis hijos. Estoy segura de ello. Pero aun así he sido una buena madre. He hecho todo lo que he podido, a pesar de que jamás he sentido nada por ellos. (*Sonríe.*) Ya sé lo que está pensando.

MARIANNE (*descubierta*) ¿Ah, sí? ¿Usted lee la mente?

SRA. JACOBI Está pensando: "esta señora Jacobi es una mujer caprichosa y mimada. Tiene todo lo que uno pudiera desear en el mundo, pero no deja de sentir lástima por sí misma y se inquieta por algo vago y remoto que ella llama amor". Hay otras cosas, después de todo, camaradería, lealtad, afecto, amistad, bienestar, seguridad.

MARIANNE Tal vez sí estaba pensando algo por el estilo.

SRA. JACOBI Déjeme decirle algo. Tengo una imagen mental de mí misma, y no concuerda en absoluto con la realidad.

MARIANNE ¿Le puedo hacer una pregunta personal, señora Jacobi? No es verdad que el amor...

SRA. JACOBI ¿Qué iba usted a decir?

Marianne No lo sé.

Sra. Jacobi Me digo a mí misma que tengo capacidad de amar, pero es como si estuviera embotellada. El problema es que la vida que he vivido hasta ahora ha sofocado mi potencial más y más. Por fin voy a hacer algo al respecto. Tengo que hacerlo. Así que el primer paso debe ser divorciarme. Creo que mi esposo y yo nos estamos obstaculizando fatalmente.

Marianne Suena aterrador.

Sra. Jacobi *Es* aterrador. Me ha estado ocurriendo algo muy extraño. Mis sentidos —el tacto, la vista, el oído— me están empezando a fallar. Por ejemplo, puedo decir que esa mesa es una mesa, puedo verla, puedo tocarla. Pero la sensación es débil y marchita. No sé si me entiende.

Marianne (*repentinamente*) Creo que sí.

Sra. Jacobi Lo mismo ocurre con todo lo demás. La música, los olores, las caras de la gente, sus voces. Todo se está volviendo más mezquino y opaco. Sin dignidad.

Marianne ¿Cree que conocerá a otro hombre?

Sra. Jacobi (*con una sonrisa*) No. No me hago ilusiones.

Marianne ¿Puede hacer que su esposo entienda esta separación?

Sra. Jacobi Solamente se enoja y dice que soy romántica y tonta, y que estoy sufriendo por el cambio de vida.

Marianne Lo mejor sería que su marido aceptara divorciarse voluntariamente.

Sra. Jacobi Dice que se niega a hacerlo por mi bien. Dice que me voy a arrepentir.

Marianne Pero ¿usted está decidida?

Sra. Jacobi No tengo alternativa. ¿Entiende lo que le digo?

Marianne (*evasivamente*) Creo que sí.

—Ingmar Bergman, *Escenas de un matrimonio*

Suena las campanas que aún pueden sonar,
olvida tu ofrenda perfecta,
En toda cosa hay una grieta,
así es como entra la luz.

—Leonard Cohen, "Anthem"

Primera conversación

SERGIO ZURITA Creo que habría que empezar delineando las fronteras de este libro. ¿De qué vamos hablar esta vez?

MARIO ZUMAYA Bueno, la idea surgió de una pregunta: ¿haríamos un segundo libro, y sobre qué tema? El primero trata sobre la formación de la pareja y de algunos elementos que hacen que ésta sea satisfactoria y a largo plazo, cosa que todo el mundo parece desear, y pensamos que hacer un segundo que tratara de la disolución, el deterioro paulatino y su ruptura sería su continuación lógica.

Pensamos también que la pérdida amorosa es un gran capítulo de un libro más amplio sobre las pérdidas en general. Nos damos cuenta de que el fenómeno de la pérdida de cualquier cosa que atesoremos es una constante en la vida. Tener lo que sea y perderlo son las dos caras de la misma moneda: tener una pareja implica su pérdida. Y perder a la pareja, por ruptura o por muerte, es una de las experiencias emocionales más intensas y devastadoras que podemos vivir. Las separaciones y las rupturas son como la muerte, excepto que con ella sabemos que el asunto es definitivo y que no hay retorno o reconciliación posibles.

SERGIO Sobre todo porque habíamos hablado de que todas las parejas se terminan, absolutamente todas.

MARIO Absolutamente.

SERGIO Aun la más satisfactoria, la más duradera y feliz, se terminará con la muerte de alguno de sus integrantes.

MARIO Así es, o de los dos en un pacto suicida al estilo de varias parejas extraordinarias: Stefan Zweig y Lotte Altmann, Laura Marx y Paul Lafargue, Arthur Koetsler y Cynthia Jefferies, tomada la decisión ante la imposibilidad de vivir con el dolor de haber perdido al otro.

SERGIO Sí, se mueren los dos juntos.

MARIO Así es.

SERGIO A veces, en un accidente automovilístico, por ejemplo, mueren los dos, después de haberse amado durante 50 años. Pero son casos extraordinarios, de los que uno se entera porque salen en las noticias.

MARIO Sí, cómo no.

SERGIO Y salen en las noticias porque a la gente le gusta pensar que existe la posibilidad del amor que es para siempre. Es decir, en un caso así, ninguno tuvo que sufrir la pérdida, y eso es conmovedor, pero también es algo que sucede muy pocas veces.

MARIO Claro, y el tema es fuerte por el dolor que implica una pérdida, cualquier pérdida. La pérdida de la gente que uno ama es, por lo menos en psiquiatría, uno de los temas más importantes. Los psiquiatras podemos consultar una lista elaborada en 1967 por Thomas Holmes y Richard Rahe, quienes estudiaron en más de cinco mil enfermos de diversos padecimientos la relación entre eventos de vida generadores de estrés o tensión y la aparición de sus enfermedades. En la lista, los eventos o circunstancias que producen un grado o intensidad de estrés o tensión emocional son clasificados con un máximo de 100 puntos a un mínimo de 11. El evento que causa el grado de estrés más alto es la muerte del cónyuge, calificado con 100. Eso es lo peor; a ello le siguen el divorcio, con 73, y la separación conyugal, con 65; la muerte de un familiar cercano, con 63, la pérdida del trabajo, con 47, pérdidas, pérdidas, pérdidas…

El primer estresor, el más alto, es la pérdida del cónyuge. Con la terminación de un romance breve o del vivir juntos por años vas a dudar si has hecho lo correcto, te vas a preguntar si es que no te esforzaste lo suficiente, si no hay alguna manera de reescribir la historia de forma que tenga un final feliz… y todo ello implica niveles de ansiedad o estrés extraordinarios.

SERGIO El primer estresor, el más fuerte de todos es la pérdida del cónyuge…

MARIO Excepto si el cónyuge se apellida Rockefeller.

SERGIO Pues sí.

MARIO Mucha plata ¿no? Pero volviendo al tema, una pérdida de éstas, del hijo o de la hija, del cónyuge, es brutal, es el peor dolor. Por ello nos gusta pensar que las cosas no se van a acabar nunca, que siempre vamos a estar sanos, que siempre vamos a vivir con la persona que queremos. Y ésa es una de las muy variadas formas en las cuales uno le da la vuelta a este temor, para no verlo de frente.

Ahora bien, hay unos antecedentes para este libro que creo vale la pena mencionar. Hace cerca de dos años se puso en contacto conmigo la Asociación Mexicana de Tanatología; como sabes,

la tanatología es el estudio de la muerte y de los procesos alrededor del morir, así como del efecto que la muerte causa en los deudos. Los directivos de esta asociación entraron en contacto conmigo por un amigo, experto mundial en pérdidas, quien publicó hace algunos años en los Estados Unidos un libro titulado *Lecciones de la pérdida*, en el cual habla de las pérdidas en sentido general. A este caballero y doctor en psicología, Robert Neimeyer, psicoterapeuta y profesor de renombre mundial, se le había acercado la gente de la asociación con el fin de que diera una conferencia magistral a la que no pudo asistir. Él y yo somos buenos amigos, pertenecemos a la misma corriente teórica en psicología y en psicoterapia, el constructivismo, y les dijo que si establecían relación conmigo quizás yo podría aportar algo interesante, dado que me dedico a la terapia de parejas y soy de su misma escuela. Me llaman y me dicen: "Oiga, el doctor Neimeyer cree que usted puede ayudarnos con una de las conferencias magistrales", y yo les propuse un tema: "La muerte en la pareja".

Se entusiasmaron mucho y yo también, aunque luego me entusiasmé menos cuando me di cuenta de que hay muy poca bibliografía al respecto y casi todo estaba por hacerse. Hay muchos libros de la llamada "autoayuda" que hablan de qué hacer cuando muere la pareja, cómo recobrarse, o qué hacer cuando uno se divorcia, o dan consejos prácticos para que uno se sienta mejor en la etapa posterior al divorcio. Estos libros daban información con la intención de ayudar a la gente que estaba seriamente deprimida, pero no hablaban del proceso de la pérdida, y el afrontamiento de la misma para la mayoría de las personas que no llegan a estar tan deprimidas.

Para empezar, y hablando de la pérdida de la pareja por muerte, hay dos tipos de muertes: muerte esperada y muerte inesperada. Una cosa es la muerte inesperada, el traumatismo que esto produce, y otra es el proceso donde alguien enferma y después de semanas, meses, años, muere. No me gustó realmente lo que leí al respecto y entonces me puse a buscar, y recordé que un año antes mi pareja me había regalado un dispositivo electrónico para comprar, almacenar y leer libros, y el primero que leí se llama *The Year of Magical Thinking [El año del pensamiento mágico]* de Joan Didion, espléndida escritora que habla de la muerte súbita de su marido Gregory Dunne y de la enfermedad de la hija adoptiva de ambos, llamada Quintana, quien está en terapia intensiva muy grave mientras él muere. Joan y su esposo van a su casa después de cinco días de estar con su hija en el hospital, empiezan a preparar la cena y él cae muerto por un infarto masivo. El problema y el drama de Joan es que no puede entrar de lleno en el duelo porque su hija está en peligro de muerte. Finalmente, Joan sale del problema de la enfermedad de Quintana y ahora Joan tiene que esperar a que se recupere para decirle que su padre ha fallecido. Lo fantástico es que esta mujer, para no volverse loca, escribe una especie de diario o de crónica de lo que vive, y después otro libro porque, a fin de cuentas, la hija también muere cerca de año y medio después. Releí el libro, busqué si había más obras de literatos sobre el tema, y encontré una casi un año después de la de Joan Didion, también en formato electrónico, *A Happy*

Marriage [Un matrimonio feliz], de un tal Rafael Yglesias. Ésta es una historia real escrita a manera de novela, que habla de lo que le pasa a él cuando su mujer enferma de un cáncer ovárico y muere tres años después. El autor logró impactarme profundamente porque alterna los tiempos de la relación. En el primer capítulo narra cuando se conocen; en el segundo, 25 años después, cuando ella decide ya no luchar contra el cáncer y renuncia al tratamiento para poder morir; en el tercero, de cuando se comprometen; en el cuarto, de cuando ella empieza con el primer diagnóstico y así se va; es un libro increíblemente conmovedor.

Di la conferencia basada en estos dos autores, les gustó y el año pasado, en noviembre, repetimos, ahora con la participación de Neimeyer, quien dio su propia y magnífica ponencia, yo di la mía y sumé a esta nueva tres libros más. Uno, *A Widow's History [Historia de una viuda]*, de otra afamada autora llamada Joyce Carol Oates, sus memorias inmediatamente antes y después de la muerte de su marido por una súbita infección tras 50 años de matrimonio. Otro más, también de memorias, interesantísimo, de una muy destacada doctora en psicología, profesora de psiquiatría, que se llama Kay Redfield Jamison, *Nothing Was the Same [Ya nada fue igual]* que habla sobre el proceso de enfermedad y muerte de su marido, un médico psiquiatra de fama mundial experto en esquizofrenia. Ella, por su parte, es especialista en trastorno bipolar porque ella misma lo padece. Y para completar el cuadro, una semana antes del congreso, leyendo el periódico veo una pequeña reseña de un libro de André Gorz, filósofo y hombre de letras austriaco, que se suicida junto con su mujer después de 50 años de matrimonio porque ella tiene un trastorno muy doloroso, una neuropatía terrible, terminal y, para colmo también se está demenciando. Es un libro increíble, *Carta a D. Historia de un amor* (la D, por Dorinne, el nombre de su mujer). Él lo escribe para entender la historia de su relación.

SERGIO *Demenciando*, o sea ¿volviéndose loca?

MARIO No, perdiendo facultades mentales.

SERGIO ¿Eso es demenciar?

MARIO Demencia es la pérdida progresiva y más o menos acelerada de las facultades mentales, especialmente las llamadas "superiores": memoria, juicio, capacidad de abstracción, etcétera.

SERGIO ¿Y cuál es la diferencia entre eso y volverse loco?

MARIO Volverse loco es una pérdida del contacto con la realidad. Claro, una gente demente pierde el contacto con la realidad. Todos los dementes están psicóticos y los psicóticos pueden o no estar dementes.

SERGIO Pero entonces Gorz decide suicidarse junto con su mujer.

MARIO Así es. La vida para ella es terrible y la vida para él, sin ella, es intolerable. Esto ocurrió una semana antes de ese congreso, lo que hice fue escribir un epígrafe largo sobre él, y todo el proceso de escribir la conferencia me hizo tomar consciencia, muy intensa, de la necesidad de tener un libro que hablara de eso, de la terminación de una pareja por muerte. Hay que decir que todas las relaciones que se describen en esos libros son maravillosas, de parejas y de matrimonios estupendos, de gente muy brillante, de muchos años, de mucha compañía; la primera tiene una hija adoptiva.

SERGIO Joan Didion.

MARIO Yglesias tuvo dos hijos y los demás no tuvieron hijos. Dato interesante, en tanto eran parejas con una dedicación casi exclusiva del uno por el otro.

Pero eso por el lado de la muerte. Por el lado del divorcio, de lo que vamos a hablar es de lo que le pasa a la gente antes, durante y después y, de manera más amplia, vamos a platicar lo que le pasa a la gente cuando termina una relación, por que cuesta trabajo. Hablo de noviazgos, de amantes, o de relaciones menos largas.

SERGIO Sí, hay un fenómeno interesante; en el libro anterior yo me encargaba de poner un epígrafe antes de cada capítulo, y tuve ciertos problemas para encontrar textos que hablaran de la pareja duradera. Había muchos sobre el flechazo del enamoramiento y muchísimos más sobre el rompimiento y la pérdida de la pareja. Hay muchísimo de dónde escoger. La vez pasada me puse en contacto con José Joaquín Blanco para preguntarle si conocía algún poema que hablara de la pareja de manera más o menos optimista. Su respuesta fue contundente: "No creo que la felicidad (o al menos una alegría sensata, perdurable) sea frecuente en la poesía moderna. [...] Ha sido sobre todo provocación, introspección o combate".

Y luego agregó: "Tal vez lo más cercano al estado de ánimo que buscas esté en Pablo Neruda: por ejemplo, en 'Oda a la pareja'", del cual empleamos un fragmento para abrir el libro anterior.

Pienso que ahora, si le pido a Joaquín que me recomiende poemas de pérdida, la lista podría ser inmensa.

MARIO Todo José Alfredo Jiménez.

SERGIO Por ejemplo. El caso es que abundan. En cambio, resulta difícil encontrar poemas, canciones o diálogos que hablen de la vida en pareja de manera poco tortuosa. Como bien dice Graham Greene en su novela *The End of the Affair [El fin de la aventura]:* "Es fácil escribir del dolor. En el dolor todos somos felizmente individuales. Pero ¿qué se puede escribir sobre la felicidad?".

En el teatro, si no hay conflicto no hay nada. Entonces es más sencillo hablar de lo negativo, de lo sombrío, de lo triste. Sin embargo, creo que el reto, al hablar de pérdida, es justamente buscarle el lado positivo. ¿Ésa sería la idea de este libro?

MARIO Sí, lo bueno de las pérdidas, que es mucho, en verdad.

SERGIO Y ése es el reto.

MARIO Sí.

SERGIO Joan Didion es una de las mujeres más sofisticadas del mundo, no sólo a nivel intelectual. Viste muy bien, sabe cuál es el mejor restorán de Lisboa, conoce de ropa y moda, de marcas; en *El año del pensamiento mágico*, las marcas aparecen todo el tiempo: habla de la ropa de su marido, recién muerto: su traje Halston, su saco Armani, su corbata Hermes. Alguien que conoce la obra de Didion me dijo que la mención de las marcas le parecía fuera de lugar, pero no, lo que pasa es que lo está documentando todo.

MARIO Es una reportera.

SERGIO Así es. No es que ella estuviera presumiendo marcas muy finas, creo que describe la ropa de su marido tan detalladamente porque, ante la pérdida, lo que queda es todo lo que queda, aunque suene obvio. Traigo en la mente un capítulo de *CSI: New York*.

MARIO Ah, con Gary Sinise y la guapota Melina Kanakaredes.

SERGIO El personaje de Gary Sinise perdió a su mujer en el ataque a las Torres Gemelas. Hay una escena en la que habla de ella inflando una pelota de playa, poco antes de morir. La pelota cobra para él un valor inmenso, porque el aire de su esposa está en la pelota, es lo único que le queda: el aire.

MARIO Su aliento.

SERGIO Sí. Y a Joan Didion lo que le queda de su marido es la ropa... Ahora quiero preguntarle algo: en el libro *Viaje a Ixtlán*, una de las primeras cosas que le dice don Juan Matus a Carlos Castaneda es: "Tú crees que eres inmortal. Tienes que cobrar consciencia de tu propia mortalidad". Castaneda le responde que sabe perfectamente que se va a morir. Don Juan insiste en decirle a Castaneda: "No, en el fondo piensas, como todo el mundo, que la muerte es algo que les pasa a los demás, pero a ti no".

Según don Juan, la muerte de uno siempre está ahí, parada al lado de nosotros, y un día nos tocará el hombro y entonces moriremos. Mientras tanto está ahí, como gran consejera, diciéndonos al oído: "¿De qué te preocupas, si no te he tocado todavía?". Pienso que ese puede ser un buen punto de partida para entrar en materia.

MARIO Sí, recuerdo ese capítulo, yo lo leí hace muchos años, es muy tranquilizador, esclarecedor. No hay mayor pérdida que la muerte; mientras eso no ocurra, uno puede enfrentar cualquier cosa. Años después leí a un autor llamado Irvin Yalom que tiene varios libros, uno en especial que se llama *Psicoterapia existencial* en el que habla de que la máxima angustia que se puede experimentar es ante la propia muerte. Dice que sólo dos cosas no se pueden ver de frente: el sol y la propia muerte, la cual es inconcebible. No puede uno siquiera imaginarla, no puede uno concebir el proceso de morir. Frente a este horror quedan dos "salidas": una, pensar que se es inmortal, sentirse especial, por más loco que esto suene. Un poquito en el sentido de lo que decía Carlos Castaneda: "Sí, pues ya sé que me voy a morir", pero uno no está convencido de que le va a pasar. La otra: ser rescatado: "Cuando yo muera me dará la mano un redentor y viviré en un lugar mejor". Ésta es la base de todas las religiones: prometen un paraíso lleno de vírgenes o a la diestra del señor o lo que sea, pero uno no muere.

SERGIO Claro, no se acaba todo.

MARIO Es la consolación de que alguien me rescata y me hace vivir para siempre, o de alguna manera, mágicamente, la muerte no va a tocarme. Lo interesante del asunto, según lo que decía Castaneda, es que utilizando a la muerte como consejera se valora la vida como nunca: "Actúa como si ésta fuera tu última batalla sobre la tierra, cada acto tuyo es el último de tus actos", lo cual daría una fuerza magnifica, maravillosa. Y en efecto, la consciencia de la muerte le da una intensidad brutal a la vida misma. La bronca con la muerte, o con la ruptura con la gente que uno ama, es que esta gente te definía o le daba un sentido a tu vida, y cuando ocurren estas muertes o separaciones parecería que tu vida queda sin un sentido claro.

Fíjate, Sergio, entre las muchas cosas que continuamente estamos elaborando en nuestra cabeza, está el problema de que no vivimos para siempre. La existencia humana es finita y debido a que tememos a la muerte hacemos literalmente lo que sea en la búsqueda de permanencia y estabilidad. Nos autoengañamos con la ilusión de que algunas cosas siempre estarán ahí y podemos contar con ellas permanentemente. Tratamos de evadir el agujero negro de la muerte manteniéndonos cerca de las personas amadas, y les decimos: sé que siempre estarás conmigo; sé que no me dejarás nunca aquí solo, sola. El pensamiento de la muerte es tan intimidante que cualquier cosa que nos dé la ilusión de estabilidad y permanencia tiene relevancia fundamental, y es precisamente a nuestra relación amorosa a la que le asignamos la tarea primaria de proporcionarnos ese sentido de permanencia.

Es entendible esperar este sentimiento de permanencia con nuestras parejas si pensamos que, como los niños que alguna vez fuimos, la mayoría hemos experimentado estar constantemente en relación con nuestros padres. Hasta donde sabemos ellos siempre han estado ahí: cuando abrimos los ojos, cuando abrimos la boca para ser alimentados, cuando generamos nuestros primeros pensamientos traducidos en palabras. Por ello tenemos la absoluta convicción, cuando niños, de que nuestros padres estarán eternamente: siempre han estado y siempre estarán. Y ello nos garantiza la necesaria estabilidad en nuestras tempranas y más o menos frágiles vidas.

Al dejar de ser niños, rompemos la idealización y nos damos cuenta de que nuestra experiencia infantil de seguridad fue una ilusión: la verdad de las cosas es que estábamos bajo el cuidado de un par de seres inmaduros y carentes, inofensivos en el mejor de los casos pero, sin duda, imperfectos. Sin embargo, a pesar de darnos cuenta de esto, nos va a ser imperativo crear la contraparte o equivalente adulto de nuestros padres, construyendo relaciones amorosas que nos sirvan para tener la misma función estabilizadora. Con nuestras novias y novios, maridos y esposas creemos, queremos creer y sobre todo sentir, que estamos seguros.

Esto es verdad, más verdad todavía, para las personas cuyos padres no crearon ese sentimiento de seguridad en la infancia. Para ellos hay una desesperada y urgente necesidad de establecer un sentimiento de seguridad que, desde siempre, estuvo dolorosamente ausente. Este sentimiento de seguridad o de inseguridad es lo que te va a dar un sentido y una identidad.

SERGIO Y cuando se pierde a ese alguien que nos define, ¿qué somos?

MARIO Nada, habrá que reconstruirse. Quizás ésta sea una digresión un poquito abstracta, como todo lo que hemos venido diciendo, pero cuando uno define la vida en el sentido biológico, de lo que se está hablando es de diferenciación; quiero decir: se juntan unas proteínas en el caldo primigenio de los mares o, más humildemente, charcos, hace millones y millones de años y, de pronto, y quizás por el súbito paso de una corriente eléctrica, las proteínas son diferentes de los compuestos que las formaron y esto se va haciendo más complejo, hasta que se forma una célula, un alga, una amiba, y todo eso es diferente de los elementos que lo constituyen. Ahora peguemos un brinco brutal: saltemos de una amiba a un ser humano: en términos de diferenciación, de complejidad, la distancia es enorme. Se es evolutivamente cada vez más diferente, más especializado, más complejo. En este sentido, la vida es diferenciación creciente. La muerte es, entonces, falta de diferenciación: todo mezclado con todo. Polvo eres y en polvo te convertirás; pero "polvo enamorado", como decía el poeta.

SERGIO Quevedo.

MARIO Estamos hechos del mismo material que las estrellas, pero estamos armados o construidos de tal manera que somos muy diferentes de ese polvo, y a la hora de morir volveremos a ser parte de ese todo mezclado con todo, y eso se llama caos. La muerte es caos y la vida es diferenciación, en sentido biológico estricto. Así, cuando se muere una parte de uno, aquella parte que compartió o que había sido hecha o formada por la persona amada, hay un momento de enorme caos, que es como una pequeña muerte. Y depende de qué tanto me definía esa persona es el tamaño del hueco que habrá que reconstruir o darle un sentido en cualquiera de los casos, ya sea por ruptura o por muerte. Quizá sea más fácil por muerte, como decía Igor Caruso, que siempre me cayó gordo básicamente porque no cumplió las expectativas que el muy atractivo título de su libro, *La separación de los amantes*, implicaba. Se trata de un infame y confuso mamotreto psicoanalítico que todo mundo compró en su momento.

SERGIO En un libro de Rafael Pérez Gay, el personaje conoce a una mujer recién separada que lo invita a su casa. Antes de entrar, el personaje piensa: "Por favor, que no haya bodegones". Y al entrar ve que todos los cuadros son bodegones, y entre los pocos libros está *La separación de los amantes* con un separador a la mitad. Es decir, no terminó de leerlo.

MARIO Nadie lo terminó, es infumable. Son como estas cosas psicoanalíticas que uno lee por costumbre o por disciplina profesional, que son muy enredadas, pero exponen de repente algo que es muy valioso y tienen razón, pero no se necesita ser psicoanalista para decirlo, ni llamarse Igor Caruso ni ser vienés: **la dificultad de una ruptura amorosa es que el amante con el que rompimos o rompió con nosotros, sobre todo, sigue vivo o viva, y sería más fácil rehacerse si estuviera muerto, desaparecido físicamente, y sólo viviera en nosotros.**

SERGIO Claro, el mal gusto de que el otro siga vivo: "¿Cómo te atreves a seguir vivo sin mí?".

MARIO Y además de estar vivo o viva, estar bien. Esto pesa, duele, arde mucho, sobre todo si tú eres el abandonado. **Aquí hay otra mecánica interesante: no es lo mismo abandonar que ser abandonado.**

99 Si tan sólo yacieras fría y muerta,
y las luces del oeste se apagaran,
vendrías aquí, e inclinarías tu cabeza,
y yo reposaría la frente sobre tu pecho,
y tú murmurarías palabras de ternura,
perdonándome, pues ya estás muerta:
no te alzarías ni partirías presurosa,
aunque tengas voluntad de pájaro silvestre,
mas tú sabes que tu pelo es prisionero
en torno al sol, la luna y las estrellas:
quisiera, amada, que yacieras
en la tierra, bajo las hojas de baranda,
mientras las estrellas, una a una, se apagaran.

—WILLIAM BUTLER YEATS,
Desea que su amada estuviese muerta

SERGIO ¿Y qué es peor, perder a alguien porque se murió o porque nos divorciamos de ese alguien?

MARIO Uno diría: es peor que muera, pero la experiencia no se vive así: el que ha sido abandonado y diga que preferiría que el otro estuviera muerto, estaría diciendo la verdad. Todos lo hemos pensado y, algunos, intentado: matar a la persona que nos abandona. Porque no toleramos lo que esto implica, ser abandonados, ser indeseables, y que alguien sea, si uno es dejado por un o una rival, "mejor" que uno. Prefiero verte muerta o muerto a que estés con otro... y de ahí nos vamos con 687 canciones de desamor, tequila, llanto y mocos.

Aquí hay una inicial y gran diferencia: la ruptura por muerte y la pérdida por rompimiento de la pareja. De ahí, quizás por orden de frecuencia, podríamos hablar en principio de la pérdida por ruptura de la relación.

SERGIO De lo tragicómico a lo trágico.

MARIO Aquí lo primero que se me ocurre son las rupturas amorosas muy precoces, de cuando uno tiene cinco o seis años y está apasionadamente enamorado de *miss* Paty, la maestra de kínder.

SERGIO Así se llamaba mi maestra de kínder, miss Paty.

MARIO Uno se enamora de miss Paty porque es linda y menos regañona que nuestra mamá, y uno piensa que miss Paty nos corresponde porque nos sonríe y nos acaricia el pelo, pero un mal día, de pronto es linda con alguien más y se rompe este lazo, este vínculo muy particular. O tu amiguita Rosita o tu amiguito Jorgito, con quien compartes la torta o lo que sea, de repente ya no te hace caso y se va con otro y le presta la pelota que te daba a ti. Eso a mí me llama la atención porque se vive con mucho dolor. Yo no lo recuerdo muy bien, hace cientos de años en mi caso.

SERGIO Yo sí lo recuerdo y es muy feo, uno se siente nada, sobre todo porque cuando uno es niño se define por muy pocas cosas: yo soy el hijo de mi mamá, yo soy el que va a la escuela, yo soy el que saca dieces y mi mamá está contenta, y yo soy el amigo de éste. Y si no soy el amigo de éste ¿qué soy? ¡Me quedan dos cosas nada más!

MARIO Miss Paty, Rosita o Jorgito se llevan un tercio de la vida. Y claro, si uno se va todavía más atrás podría entender cómo es que duele tanto si es que uno estudia la formación de los vínculos afectivos o la teoría del apego, teoría desarrollada, inicialmente, por un señor muy inteligente llamado John Bowlby, psicoanalista inglés, quien se distanció, precisamente por inteligente, de dos de las figuras más importantes de sus tiempos que entrenaron, literalmente, a varias generaciones de psicoanalistas británicos y que eran nada más y nada menos que la amantísima hija de su padre, la supersolterona y virginal Anna Freud, y una mujer loquísima llamada Melanie Klein, personaje sobre el que años después se haría una muy buena obra de teatro.

SERGIO *La señora Klein*, de Nicholas Wright.

99 Compartimos el 99% de los genes de cualquier otra persona. Somos noventa por ciento iguales a los chimpancés. Tenemos un 30% de los genes de una lechuga. ¿Eso no te alegra? ¡Adoro la lechuga! ¡Cada vez que la como tengo una sensación de pertenencia!

—Michael Black, el único de tres hermanos genéticamente idénticos que tuvo una infancia feliz, en la obra *A Number*, de CARYL CHURCHILL.

MARIO El asunto es que este caballero inglés, Bowlby, estudió la relación entre madre e hijo y se dio cuenta de una serie de conductas constantes que el bebé desarrollaba para asegurar dos cosas de vital importancia: la cercanía de su mamá y el que ella cubriera sus necesidades de comida, consuelo, aseo, confort, etcétera. Por supuesto, también se dan conductas de la mamá en respuesta a lo que el niño hace. A esta serie de conductas pautadas entre el o la bebé y su mamita se le llama *apego o vínculo*. Los discípulos de Bowlby, en particular una señora llamada Mary Ainsworth encontró y describió tres tipos de conductas típicas, modelos o "patrones" de apego.

Uno de estos patrones de apego, al que llamaron *apego seguro o balanceado*, consiste en lo siguiente: el o la bebé expresa su necesidad de alguna manera, el llanto por ejemplo, para que lo atiendan o lo conforten, y la mamá responde bien y consistente, de manera rápida, eficaz y afectuosa, o lo consuela con cariño la mayor parte de las veces o en su defecto se tarda un poquito, pero la mayoría de las veces es así. Esto parece hacerle sentir a este bebito físicamente, en una forma emocional concreta y clara, que el mundo es bueno. Recordemos aquí que antes del año el bebé no tiene lenguaje, experimenta el mundo de manera totalmente sensorial, emocional. El mundo es la figura de su mamá, el cuerpo de su mamá o los senos de su mamá y, dado que hay una diferenciación muy escasa o inicial entre él y la mamá, aparentemente los vive como una unidad. En consecuencia se siente bueno, quiero decir: satisfecho, calientito, lechita, no hambre, no dolor, no ansiedad, un sentimiento de paz y de "bondad", quizás. Conforme el niño va creciendo se va di-

ferenciando de la mamá, se da cuenta de que una cosa es la mamá y otra él. Si la mamá responde a lo que el niño necesita, el niño se dará cuenta de lo que él le importa a esta mamá, y ello le da un significado o sentido de ser valioso, de que es querido, amado. Cuando los bebitos son mayores de año y medio, dos años, ya hay capacidad de lenguaje, capacidad motriz y el niño se puede mover, pero antes es absolutamente dependiente de la mamá, eso es hasta los 17 o 18 meses, cuando empieza a caminar o ya camina, pero ese tiempo temprano, el primer año de vida, si ese niño no tiene a su mamá, se muere. Y si no lo carga o lo apapacha no se muere pero se enferma, pero ahorita veremos eso; así que el bebito llora, expresa una necesidad, y la mamá suple esa necesidad de buena manera.

Y bueno, esto le da un sentimiento de confianza, confianza de su mamita va a estar presente y de que él es valioso porque le importa, porque de alguna manera ella está, le quita el dolor, le quita la incomodidad. Quizá como cuando uno se toma un whisky: le baja la tensión, el dolor de cabeza y viene un sentimiento de confort, qué rico, la vida es buena. Quizá no tanto pero un buen whisky sí provoca esa sensación, sobre todo si uno está tenso.

Aparentemente 60 o 70% de los humanos hemos tenido esta forma de apego, y aquí importa mucho decir que cuando este patrón de apego es seguro o balanceado significa que hay un balance adecuado entre las señales afectivas "de bulto", y las del lenguaje, abstractas para el bebé: está seguro o siente concretamente que lo quieren, porque lo acarician, consuelan y nutren; y "sabe" que lo quieren, porque se lo dicen por medio de canciones, palabras cariñosas o declaraciones de amor.

99 Mi corazón de cuatro años se consumía en amor hacia mi madre. Un amor fiel como el de un perro. La relación, sin embargo, no carecía de complicaciones: mi devoción le molestaba e irritaba, mis muestras de ternura y mis violentos arrebatos la inquietaban. Muchas veces ella me alejaba con un tono fríamente irónico. Yo lloraba de rabia y desilusión[...]. Poco a poco fui comprendiendo que mi adoración, a veces tierna y a veces rabiosa, tenía poco efecto. Así que muy pronto empecé a ensayar una conducta que le resultara grata y que lograra despertar su interés. Un enfermo provocaba inmediatamente su compasión. Como yo era un niño enfermizo con innumerables dolencias, convertí esto en un camino, ciertamente doloroso pero infalible hacia su ternura.

—INGMAR BERGMAN, *La linterna mágica*

Pero no todo es alegría, equilibrio y felicidad. Hay un segundo apego que es el *inseguro o coercitivo*. Esto quiere decir que el bebé expresa la necesidad y la mamá se la cubre un número de veces significativo de forma retrasada o de manera inadecuada, en el sentido de estar tensa, con prisa, con inseguridad o angustia. Quiero imaginar a una mamá primeriza, un poquito obsesiva, un poquito *preocupona*, no relajada, que le da la mamila o el pecho con tensión o preocupación. Entonces se cubre la necesidad, se cubre totalmente pero no de la forma correcta, porque la respuesta materna es tensa o difícil. El bebé no sabe, entonces, si sí o si no. Ello hace, en general, que el chiquito no esté seguro de que le vayan a cubrir la necesidad por vía llanto "normal"; por lo tanto aumenta la demanda para que se la cubran más rápido, sube el volumen para que lo escuchen, y esto normalmente da resultados, pero del mismo tipo: la mamá llega tensa porque el chamaco está llorando muy fuerte y "ándele chamaco chillón, tenga su teta". Vamos a pensar que no se la da enojada, pero sí irritada; es claro que no son los mismos brazos los que nos cargan relajados y acogedores que los que son tensos y duros. Aquí por supuesto esto hace pensar que la mamá tiene la culpa de todo por ser la responsable y en buena medida sí, sí lo es porque ni modo que le des tú de mamar. Puedes hacerlo, pero eso es otra historia.

SERGIO En serio, ¿uno puede producir leche?

MARIO Si te pegas al escuincle a la teta el estímulo de la succión en situaciones de hambre o situaciones de carencia puede hacer que produzcas leche, el varón puede producir leche. Tenemos glándula mamaria, a los hombres nos da cáncer de seno, no es muy común pero da.

Claro que los varones podemos con toda facilidad darle un rico biberón al bebé, no es el mismo envase pero, hombre, nada es perfecto. Ahora bien, de la misma manera que el niño con apego seguro siente que el mundo es bueno, para el niño con apego inseguro no es así, no está seguro de que el mundo sea lindo ni de que él mismo sea valioso. Es un apego coercitivo porque el niño trata de forzar o coercionar a su mamita, y al mundo por extensión, a que le cubran sus necesidades. No está balanceado en el sentido de que este tipo de patrón de apego no "confía" en las señales del lenguaje. Sólo siente y está seguro de que se le quiere cuando tiene la evidencia física, concreta, de que se le quiere: el pecho o la presencia física de la madre. No "cree" en las palabras cariñosas.

99 Sufrí toda una serie de enfermedades indefinibles; era como si no acabara de decidirme a vivir.

—INGMAR BERGMAN, *La linterna mágica*

El tercer patrón de *apego* es el *evitativo*. El bebé expresa una necesidad y no se le cubre, o incluso se le castiga o se le rechaza. Claro que de alguna manera se cubre su necesidad, porque si no se moriría, pero es de una manera indiferente, o poco afectuosa, o muy escasa o francamente enojada o agresiva. Quiero pensar en una mamá simplemente deprimida: pues sí, le da de comer, pero de una forma indiferente, o se siente culpable por no sentir afecto por el niño o está preocupada por otras cosas, porque no lo acaricia. Entonces el niño ¿qué siente?, pues que el mundo está del carajo y que él seguramente es una cucaracha. Vamos a pensar que este niño tiene, en principio, el síndrome del apego inseguro, llora durísimo, y su mamita en lugar de darle de comer le da un fregadazo, o llora y llora y no hay qué comer porque la mamá salió a buscar algo para sobrevivir y no hay respuesta, entonces el niño evita —por eso se llama evitativo— la expresión de la necesidad: ¿para qué lloro si me va peor? Entonces mejor no lloro. Ya no expresa la necesidad porque ya no hay respuesta. Cómo se siente ese niño: el mundo está de la chingada y yo no valgo nada. He perdido la fuente de mi satisfacción. Quien me define, en este caso la mamá, resulta que al no cubrir mi necesidad, me hace sentir y ver que no valgo la pena. O sea, la definición de mí mismo es "no valgo la pena o estoy defectuoso o ¿qué chingados pasa?". Porque no hay un referente, o el referente es un referente que no está, que no nutre.

Si te pones a pensar, en un brinco rápido y brutal, en las relaciones amorosas de personas con apego inseguro, apego seguro y otras con evitativo... la relación con el otro te define, te dice quién eres y qué tan amable, cuán valioso eres... y ahí comienzan los problemas.

SERGIO Hablando del apego evitativo me vino a la mente Pedro, el personaje central de la película *Los olvidados*, de Buñuel. Vive con su mamá (Estela Inda) en condiciones miserables, y cada vez que busca su cariño, recibe golpes. Pedro acaba muerto y su cuerpo perdido entre los desperdicios del tiradero de basura más grande de la ciudad.

MARIO Hay circunstancias extremas y uno podría empezar a deducir, a partir de la teoría del apego, muchísimas cosas, porque explica adecuadamente algunas condiciones anómalas. Un muchachito que pasa por estas circunstancias, las de un apego evitativo extremo, aprende la rudísima lección de que no puede confiar en nadie más que en él, y al mismo tiempo darse cuenta, sentirse una mierda: "tengo que confiar en mí a sabiendas de que no valgo nada", paradoja interesante. Voy a experimentar cualquier forma de vínculo con alguien más como una trampa. Al final no va funcionar, ¿entonces qué hago? O exploto al otro, se lo exijo o le pido las cosas a fregadazos. Podríamos pensar en sociópatas, delincuentes, judiciales o políticos corruptos... No les cubrieron sus necesidades y en el momento de querer cubrir lo que necesitan y ser rechazados, imagínate la rabia. Por eso golpean o matan a la pareja. Es la consecuencia trágica de vínculos de apego muy inadecuados. Los de apego seguro desde luego que no tienen ese tipo de broncas ni mucho menos, se saben valiosos y se dan cuenta de que el mundo es más o menos confiable.

SERGIO Hay dos cosas que nos ocurren a todos los seres humanos: vamos a morir y nos vamos a enamorar. Hitler se enamoró. Carlos Salinas de Gortari ha estado enamorado. Todos los seres humanos.

MARIO Hasta un mercenario del Congo, exniño desnutrido, madreado y atormentado.

SERGIO Los violadores se enamoran.

MARIO A su estilo y a su manera, sí.

SERGIO Me decía que por supuesto viven la separación de manera violenta. Prefieren matar a quien los trata de dejar que volver a vivir el infierno que fue su infancia.

MARIO El dolor.

SERGIO El dolor.

MARIO Que, claro, viene de este infierno que vivieron. Nada más que a los dos años no pueden matar a la gente, pero a los 15 sí, tranquilamente.

SERGIO Y cuando a este asesino, niño desnutrido de la guerrilla, le dan una metralleta y mata a su pareja ¿qué siente?, ¿siente alivio?

MARIO Yo creo que siente que está justificado, siente que es tal la ofensa o tal la canallada de la pareja que ésta se lo merece. No creo que sienta mucho.

SERGIO En general.

MARIO Sí.

SERGIO Pero ante la posibilidad de volver a sentir ese dolor que vivió de niño...

MARIO Mata. Es más manejable matar que tener la certidumbre de que para esta persona que me deja no soy valioso. La definición de sí mismo como no valioso es intolerable, porque a final de cuentas lo que buscamos los seres humanos es ser amados, amables para el otro lado, ser idóneos. Como somos parte de un grupo y somos seres fundamentalmente sociables, probablemente la mayor satisfacción que se pueda sentir a cualquier nivel, cualquiera de estos tres tipos de apego —seguro, inseguro y evitativo, en donde estamos todos más o menos mezclados, según estas hipótesis— es saberte querido, amado. De hecho, y sin cursilerías, el amor en ese sentido te redime, te resignifica. El problema está en que una gente con una cosa de estas evitativa, a ese muchachito de la guerrilla, a ese asesino despiadado, está un poco difícil quererlo, amarlo. Pero puede ocurrir. En principio está difícil porque él mismo no lo cree. No se vincula por el temor al rechazo, o se vincula de una manera muy primaria. Viola, golpea, no se permite sentimientos de otro tipo porque eso lo acerca a la posibilidad de vincularse. Quizá se enamore de una manera muy rara, muy llena de miedos, pero lo que está haciendo es evitar, eludir la expresión de su necesidad.

SERGIO Por ejemplo, Muammar Gaddafi estaba enamorado de Condoleezza Rice. La pretendía, tenía un cuaderno lleno de recortes de fotos de ella, donde escribía pensamientos cursis llamándola Leezza. Ella obviamente nunca lo hubiera pelado, pero si lo hubiera hecho, no creo que él se hubiera atrevido a vincularse.

MARIO Está un poquito difícil. Hablar de una forma de amor como uno pudiera entenderla, tierna, dulce, respetuosa, eso lo puede sentir la gente más o menos segura o que tiene una convicción emocional de sí misma como alguien potencialmente amable y con capacidad para amar de esta manera. Para una persona con un vínculo evitativo o inseguro en grado extremo, que ha sufrido mucho, es difícil concebir como podrá amar si no es a través de la violencia, de la presión. ¿Eso sería amor? Para ti y para mí probablemente no. Pero si piensas en el hombre de la guerrilla en África, un tutsi, ¿con quién se relacionan? Con otra tutsi, que probablemente es o está igual. Esta pareja, podría uno pensar, se relaciona de manera muy violenta y agresiva, a nivel de cubrir necesidades básicas, en ese caso sexo. Lo más peligroso que le puede pasar a una gente en esas condiciones es que lo quieran bonito, porque se va a empezar aflojar, se asusta y además es muy probable que se le cumpla la fantasía, porque amar a alguien así, desconfiado y violento, es muy probable que el vínculo se rompa, si quien está queriéndolo tiene otra configuración emocional.

SERGIO Cuando alguien con apego seguro pierde al ser amado, ya sea por separación o por muerte, experimentará el dolor de manera…

MARIO No catastrófica.

SERGIO Es decir, me dejaron y me duele mucho, pero yo sé que soy valioso. Ahora, creo que el problema es que la mayor parte de la gente que nos leerá es de apego inseguro, ¿o me equivoco?

MARIO Hay estudios muy serios, grandes muestras de población en los cuales se refleja que la mayor parte de la población tuvo un apego seguro, 60 % aproximadamente. Los inseguros seríamos —me incluyo…

SERGIO: Yo también.

MARIO Seríamos más o menos como 30%, un 10% de tipo evitativo. Claro, difícilmente hay tipos puros, más bien hay mezclas. Esto hablando de tipos puros, que difícilmente hay. Lo que predomina son las mezclas de dos de estos tres tipos. Creo que los absolutamente seguros, que en inglés se denominan *balanced* (balanceados o equilibrados) serían como 10%. Los seguros, pero tirándole un poquito a lo inseguro o tirándole un poquito a lo evitativo deben ser otro 20%. Es decir, un 30% de seguros entre los puros y los mezclados. Los inseguros, otro 30%, y un 20% de evitativos "normales" y el resto serían evitativos muy evitativos o inseguros muy inseguros. Más de la mitad de la población estaríamos más o menos bien, y la otra mitad no tan bien. Pero hay otros factores en juego que son también muy interesantes.

99 And for every time you said no
She says honey I'll be glad to
And for every time you left me
She says darling I'll be there
It's not the words "You'll get over me"
That made my dreams come true
I married her just because she looks like you

And if I had not searched for you
I never would have found her
And if I had not loved you
I would never have known love
It's not the words "Please try to forget me"
That made my dreams come true
I married her just because she looks like you

LYLE LOVETT, "I Married Her Just Because
She Looks Like You"

Yo podría decir de mí mismo que tuve un apego seguro, una mamá amorosa que me cubría las necesidades consistentemente. Mi señora madre es un activo fijo en términos de afecto y de atención, con sus cosas difíciles, pero consistente; mientras que con mi señor padre tuve un apego totalmente inseguro porque siempre estaba muy ocupado y cuando empezó a ser importante, cuando ya no dependía yo de la chichi de mi mamá, por ahí de los tres o cuatro años, que necesitaba irme a jugar futbol con el señor, el cuate no estaba, estaba muy ocupado con sus negocios, y cuando estaba, estaba muy cansado, muy agobiado. Estoy exagerando un poco, no era tan así. Pero eso se traduce en que yo no tengo ninguna duda de que mi mamá me quería mucho o me quiere mucho y de que soy valioso para ella. De lo que siempre tuve dudas era de hasta dónde mi señor padre me consideraba valioso. Esas dudas fueron muy agudas en la adolescencia. Ya como adulto me doy cuenta de que me quería mucho, por supuesto a su manera. Pero en su momento, con él había un apego inseguro.

SERGIO Lo cual define enormemente cómo se relaciona usted afectivamente con las mujeres.

MARIO Por supuesto. La consecuencia de eso es que una mujer que me quiera de manera consistente, siempre ahí, siempre dispuesta a mis necesidades, muy incondicional, muy amorosa, muy tierna, me aburre. ¿Por qué? Porque es segura, ya lo sé, ahí va a estar. No me da ningún gradiente de interés como de ¿será o no será que me quiera? Todos somos hijos de la mala vida. Mientras que una mujer que me quiere mucho pero a veces está, a veces no está, a veces está muy ocupada, a veces sus ocupaciones le impiden acercarse o darme el afecto que yo necesito precisamente en ese momento, me genera un conflicto. ¿Pues qué tanto valgo la pena para ella? Eso me produce adrenalina, me resulta más interesante, más apasionante la mujer que a veces está y otras no. Y eso ocurrió en los hechos, este amor tranquilo, satisfactorio, es muy agradable, muy lindo, pero un poquito aburrido, el otro, el que es un poquito conflictivo, un poco difícil, me tiene muy interesado. Y afortunadamente para mí llegó un momento, con los años, en que hay una combinación muy adecuada, porque es un afecto muy constante pero al mismo tiempo con una gente ocupada, que a veces está y otras no. A veces se le pasa un poco la mano y lo que me produce cierta inseguridad, cierta rabia, incluso. Y cuando todo es un lago plácido de amor llega un momento en el que piensas en meterle un poquito de emoción. Esto hace que la cosa se vea muy compleja para algunas personas. Lo que estoy diciendo pudiera extrapolarlo a mucha gente en términos globales: somos hijos de la mala vida. De la gente constante, cariñosa, afectuosa, incondicional, hasta se abusa un poco, porque es incondicional, uno sabe que es importante, uno sabe que es valioso. Cuando no estás muy seguro es cuando la cosa se pone interesante.

99 I don't know about your brain—
but mine is really bossy
I come home from a day on the golf course
and I find all these messages
scribbled on wrinkled up scraps of paper

and they say thing like:
Why don't you get a real job?
Or: You and what army?
Or: Get a horse.

—Laurie Anderson, "Babydoll"

Sergio Pero usted, si de adolescente o de niño no sabía qué tan valioso era para su papá por sus ausencias, ¿por qué busca un ser amado parecido, y no todo lo contrario?

Mario Voy a una comparación entre un gatito y un ser humano. El cerebro, en un principio y muy primitivamente, tiene que dar respuesta a varias preguntas sencillas: ¿este animal que está frente a mí se come o no se come?; lo que veo o lo que me encuentro, ¿me lo como o me come él a mí?, ¿me protejo o me protege?, ¿lo cuido o me dejo cuidar?, ¿tengo relaciones sexuales o no tengo relaciones sexuales? En el mundo del gato contestarse esas preguntas es fundamental; si el gato se equivoca y quiere tener relaciones sexuales con un bulldog, así le va a ir. A sus gatitos los cuida. Está programado para responder una serie de cosas. Lo que más excita a este cerebro, lo que más lo alerta, es no saber qué onda. Una vez que el gato decide que los ratones son para comer, el día que se encuentra un canguro, seguramente se volverá loco tratando de desentrañar cómo se come al canguro o qué. O el día que el gato callejero se encuentra con una tigresa de Bengala, se la quiere tirar, pero va tener algunos problemas. Lo que quiero decir con esto es que al cerebro lo que le interesa es resolver problemas y dar respuesta a lo que no ha podido resolver.

SERGIO El cerebro es por definición un solucionador de problemas, para eso sirve.

MARIO Para eso está hecho, para garantizar la supervivencia.

SERGIO Entonces si usted encuentra una mujer que no le represente un problema se aburre porque el cerebro, como una calculadora, si no le damos de sumar se empolva.

MARIO Si mi problema emocionalmente, conceptualmente, es ¿seré valioso o no valioso para mi papá?, mi cerebro tiene que resolver esa duda, y para resolverlo necesito a alguien que se parezca, no a mi papá como tal, físicamente, pero necesito a una mujer que tenga un estilo de relación conmigo parecido al que tenía con mi papá o, y ahí está otra parte del problema, crearlo. De manera tal que mi película de terror desde la infancia, en el sentido de duda, de angustia, de enojo hacia el papá, muchos sentimientos complejos por su ausencia, a los 25, 30 años, ¿qué tal si me llama la atención una mujer que a veces está y otras no? Ahí con esa mujer resuelvo aquella pregunta que se quedó abierta. Alguien podría decir que esa elección es muy neurótica, en el sentido de que tengo un conflicto previo que estoy resolviendo con esta dama. Sí es muy neurótico en tanto infantil, pero por otro lado así es, tengo que intentar resolverlo, darme cuenta, en el mejor de los casos, de que es muy neurótico de mi parte intentar buscar resolver una bronca que tuve con mi padre a los 10, 12, 14, 15 años, con una señora a los 30. Pero a lo mejor lo logro y me doy cuenta de que soy valioso para esa mujer. El cerebro tiene que resolver el problema o las heridas del pasado, las debe solucionar.

La infancia es la primera ocasión en que observamos y participamos como actores en la más importante película de nuestras vidas: *Relaciones amorosas. Parte I* con nosotros y nuestros padres en los papeles estelares. Nuestra vida podría haber sido distinta de haberla visto bien y con detenimiento cuando éramos unos jóvenes adolescentes, pero perdemos esta oportunidad la primera vez en que se repite nuestra película con la primera novia, con el "primer amor", y la perdemos porque estamos demasiado emocionados, excitados, y definiendo muchas otras cosas, como qué estudiar, con quiénes llevarnos como amigos, etcétera. Años después podemos verla en otro teatro, en el de nuestras relaciones amorosas adultas y en nuestros matrimonios. Como ves, Sergio, nos pasamos la película una y otra vez con la esperanza de cambiar el final: de una película de horror, de un drama o una tragedia, a una comedia romántica y optimista. El asunto es que para recrear la película en la vida real necesitamos personajes que se parezcan, no físicamente, sino en el estilo de relación que tuvimos con nuestros padres.

SERGIO Nunca había pensando en el cerebro como un solucionador de problemas. Me lo imagino como incansable. Uno sueña y sigue, los sueños son maneras de resolver problemas mientras uno duerme.

MARIO Uno imagina escenarios en los sueños; se llaman ensayos cognitivos. Sueños donde resuelves algo; estos sueños que te dan una luz o una intuición, son ensayos del cerebro cuando hay preguntas abiertas y más o menos urgentes. Hay una frase dramática de los psicólogos evolucionistas: el cerebro es al hombre lo que el hocico al cerdo. Sirve para buscar comida. En última instancia para lo que te sirve el cerebro es para buscar comida y tener relaciones sexuales y tienes que resolver eso.

SERGIO Lo que me está diciendo es que para una pareja la cuerda tiene que estar tensa, no puede estar aguadita.

MARIO Sí puede, pero se corre el riesgo de aburrirse o de decepcionar al otro.

SERGIO El otro problema es que la cuerda esté demasiado tensa y se rompa, pero si así aguadita no se rompe ¿cuál es el problema?

MARIO Que te aburres. A la pareja, sea tu novia de tres días, tu amante de dos años, tu esposa de los últimos cinco, tienes que admirarla en algún sentido, tiene que resultar valiosa, tiene que resultar admirable, tiene que resultar valiosa incluso para los demás. Una persona que es deseada por los demás incrementa su valor para uno mismo.

SERGIO ¿Eso no es neurótico?

MARIO No. Yo admiro a mi mujer, verdaderamente la admiro.

SERGIO Claro, pero que otros la admiren ¿la hace admirarla más?

MARIO De repente. De hecho, más que neurótico es vanidoso. Parte, quizás, de una cierta inseguridad, es decir, "todo mundo voltea a verla pero yo soy el mero mero machín".

SERGIO Pero esto es normal.

MARIO Es normal. Los problemas empiezan cuando tú dejas de admirar a tu pareja o te resulta decepcionante. Ahí la cosa empieza a ponerse muy peligrosa.

SERGIO ¿Qué tiene que ver la baja tensión de la cuerda con la decepción?

MARIO Mi pareja, como buena norteña que es, tiene unos dichos locales, que de repente yo no entendía, y uno de ellos es "es tan bueno, tan bueno que no sirve", hablando de los maridos o "tan buena, tan buena que no sirve". Quiere decir que es tan consistente que no tienes que luchar, no tienes que llamarle la atención, no tienes que provocar, incluso, todo está dado. Piensa en trabajo que ya no es reto, o piensa en una relación entre amigos donde todo está resuelto, todo está dicho, que te conozcan al 100%, debe ser espantoso. Requieres un cierto grado de incertidumbre, pero no excesivo porque rompe la cuerda. Pero una certidumbre total resulta en el aburrimiento, que es una de las emociones o de los estados mentales menos estudiados. Implica, desde mi punto de vista, que te aburres cuando todo es igual. Cuando te das cuenta de que el día de hoy va a ser idéntico al de mañana, y al que sigue, y al que sigue. Y cuando tienes totalmente resuelta a una persona, cuando sabes que si le apachurras este botón brinca, sea en el sentido de que te esté queriendo mucho o que te esté queriendo poco, pero siempre es lo mismo. Hay muchas cosas complejas y paradójicas, uno siempre prefiere la seguridad a la felicidad.

SERGIO ¿Nunca van de la mano?

MARIO No.

SERGIO ¿Nunca?

MARIO No. Y por seguridad quiero decir una seguridad linda o una seguridad de chingadazos, de tener una relación fatal. Uno prefiere quedarse ahí que buscar una cosa diferente. La verdad es que uno necesita cierto grado de adrenalina, cierto grado de incertidumbre, no permanentemente porque te desgastas, y eso no tiene nada que ver con que no le hagas caso a tu pareja, con lo que sí tiene que ver es con que no te haya resuelto completamente, que haya áreas que no conoce, que no puede predecir, que no puede controlar. Ni tú del otro lado. ¿Para que estés así picadísimo y te torture? No. Son áreas en las cuales no participas y no sabes qué está pasando con ella o con él y eso lo hace interesante. Acuérdate lo que le dicen a Jude Law en la película *Alfie*: "Cuando veas a una mujer hermosa, piensa que hay alguien que está harto de acostarse con ella". O sea, incluso la pareja de la mujer más bella del mundo está hasta la madre de acostarse con ella. Parece una cosa terrible, pero muy cierta: el aburrimiento de la certidumbre. Es que somos tan complicados.

SERGIO Suena terrible, porque yo podría pensar que me hace feliz saber que mi mujer está ahí, me da seguridad. Ahí mi seguridad y mi felicidad van de la mano por lo menos hasta cierto punto. Si yo busco a mi mujer la encuentro con facilidad.

MARIO Apego seguro.

SERGIO Ajá.

MARIO Ahí vamos bien. De hecho uno se relaciona así. Y decide lanzarse al ruedo, casarse o establecer una relación a largo plazo precisamente porque te da seguridad, pero eventualmente la relación tiene que moverse, tiene que haber cierto gradiente de interés. No porque esta mujer te deje de querer y no te dé; hablar de inseguridad no quiere decir que no te dé, sino que no sea totalmente predecible; es importante que haya un cierto gradiente de no saber qué va a pasar. Pero *cierto gradiente*, no mi neurosis de buscar una novia a los 20 años, que de repente desaparecía meses. Ésa era la manifestación de un apego insegurísimo, fue el colmo, tan inseguro que por fortuna se acabó. Pero de alguna manera me llevó a tratar de resolver algo. Esa novia era tan impredecible, tan rara, que a veces yo pensaba "si está para mí es que de veras me quiere y si de veras me quiere es que soy valioso".

SERGIO Pienso en Woody Allen en la película *Stardust Memories*, que aquí se llamó simplemente *Recuerdos*. Hay escenas en las que recuerda un amorío que tuvo con Charlotte Rampling. En una de las primeras escenas se dan un beso y él le dice: "Le están poniendo algo fantástico a tu litio". Esta mujer es encantadora dos días al mes y el resto del tiempo es insoportable. En la película, Allen va camino a un lugar fuera de la ciudad, donde le van a rendir un homenaje y empieza a recordar su vida. Llega al lugar, donde planea encontrarse con una mujer francesa divorciada que tiene dos hijos güeritos, una mujer maternal, amorosa, guapa, soñadora, perfecta. Antes de que ella llegue, conoce a otra mujer que va de lente oscuro, ojerosa, fumando un cigarro tras otro, y Allen se siente atraído de inmediato por ella. Luego la oye habla por teléfono, ella platica que tiene herpes y que tiene novio, pero sigue sintiéndose atraída por su pareja anterior, que era otra mujer. En vez de salir corriendo, Woody Allen se prende más y la francesa le da flojera infinita. ¿Qué tendría que hacer? ¿Encontrarse una mujer loca, pero más controlada?

MARIO En el sentido que estamos hablando, de esta especie como de determinismo emocional, sí, hay una especie de imán: hay personas que a uno le llaman poderosamente la atención de inmediato. Si uno se pone a pensar en la gente que le ha llamado la atención de esta manera tiene ciertas características en común, quizás no físicas pero sí el estilo, la forma de ser, y en eso pudiera haber una parte neurótica en el sentido estricto, técnico. Neurosis, en este sentido, quiere decir la persistencia de una conducta infantil que tuvo una cierta utilidad en la infancia temprana y a veces no tan temprana, y en la que uno sigue persistiendo en la edad adulta a pesar de la evidencia de que ya no sirve, ya no es útil.

SERGIO "La neurosis es mala ciencia".

MARIO Sí: uno persevera en las mismas hipótesis aunque nunca hayan dado resultado; en este caso las hipótesis son emocionales. Entonces, si mis papás no me quisieron porque eran inconsistentes —porque estaban muy ocupados, porque eran muy jóvenes, porque eran muy chiflados, porque no habían decidido 20 cosas en su vida— yo como chavito lo que recibía era cierto grado de inconsistencia. Eso lo tengo que resolver porque no me sentía muy querido, y para resolverlo necesito personajes parecidos, no puedo resolverlo con personajes diferentes. Y es eso lo que uno va a buscar fatalmente, como imán. En el mejor de los casos uno va a aprender de la pérdida, porque va a romper con esa persona, porque lo que está haciendo es tratar de resolver un conflicto anterior. O sea: "esta persona que me atrae como imán lo único que me puede dar es la reproducción de aquello que viví". Y una de dos: o esta persona termina queriéndome, lo cual me redime, o me doy cuenta de que lo que estoy haciendo es una locura y busco una persona con otras características. A estas alturas yo mismo tengo otras características, porque mi necesidad ya no es de repetir, es otra.

SERGIO Sí se puede romper con el patrón.

MARIO Claro. Si tú te preguntas: "¿qué relaciones han sido más dolorosas a la hora de la ruptura? ¿Qué características tenían estas mujeres?", pues son inconsistentes, impulsivas, mienten. Llega un momento en el que uno dice ¡ya!, de eso ya tuve bastante, me estoy metiendo en la misma bronca, el mismo infierno con diferente diablo. Ahora mi necesidad ya no es ésa, mi necesidad es de un cariño más consistente, con gente más veraz, ya no necesito ese grado de locura. Y el cariño consistente de una mujer distinta me cura, me redime y ahí me quedo. Siempre voy a necesitar cierto grado de inseguridad, pero estoy hablando de una inseguridad encantadora, porque los seres humanos somos inseguros, porque la vida tiene cierta incertidumbre. No estoy hablando del tormento, de esa pinche vieja que me va a dejar plantado por sistema para que yo vuelva a repetirme: "¿me querrá o no? Ayer hicimos el amor como locos y hoy en la mañana no me contestó la llamada". Eso ya no lo necesito. Ésa era la necesidad de los 20 años, de los 25 o los 35, pero ahora ya no. Pero he tenido que pasar por ahí.

SERGIO Es decir, uno está, por decirlo de algún modo, condenado. Si se tuvo una madre mentirosa y ausente, de pronto muy amorosa tres días, ¿está condenado a buscarse una novia con esas características? Mentirosa, ausente y de pronto muy apasionada. Entonces, cuando la relación con una mujer así se termina, podríamos pensar en la pérdida como algo positivo.

MARIO Exacto. Si tienes la capacidad, la suerte, a veces, para darte cuenta. Probablemente a la primera de cambios, en las primeras relaciones de la adolescencia, de la juventud, no la tengas. De seguro vas a experimentar puro dolor y la misma evidencia: "si esta mujer no me quiere es porque yo soy un pendejo, no supe conquistarla, no supe retenerla". Tal como lo vivimos con nuestra madre o nuestro padre, sin darnos cuenta de que esa mamá o ese papá eran unos locos, y uno también se da cuenta de que no podía decir que sus padres estaban locos porque es una sorpresa horrible: "¿cómo que he estado en las manos de unos locos?". En aquel tiempo de sus juventudes, cuando todo mundo tiene derecho a tener sus locuras, por supuesto. Pero tienes que pasar por ahí.

SERGIO Podemos pensar, y no por hacer poesía, pero si las vivencias de la infancia más temprana nos definen por el resto de nuestras vidas, podemos pensar que el resto de nuestras vidas son puestas en escena, escenificaciones teatrales de estas misma vivencias, pero con distintos personajes, buscando la posibilidad de cambiar el final.

MARIO Así es.

SERGIO La diferencia es que se siente igual que cuando uno es bebé, pero uno es adulto. Es decir, uno puede sobrevivirlo, puedo hacer algo al respecto.

MARIO Puedes reconstruir tu historia. Decir: "a ver, estoy sintiendo horrible, la vivencia se parece mucho a cuando yo tenía seis años y no llegaba mi papá a verme jugar futbol: ¿qué pasó? ¿Se le olvidó? ¡O a lo mejor en el camino se murió!". Es una angustia espantosa. "Ah, es eso lo que me está pasando. Ya lo vi. ¿Me hace bien seguir involucrado con una persona que va a fallar siempre? Pues no, ya no lo necesito". Cuando rompes te duele horrible y ahí es cuando sabes que no necesitas una relación así, que ya no. O que todavía sí, y ahí vas otra vez. Lo que necesitas es saber leerte con más precisión, saber leer tus emociones: de dónde vienen y a dónde te van a llevar.

SERGIO Cuando esperamos a la amada que siempre nos deja plantados, nos sentimos igual que cuando teníamos tres años de edad: abandonados. Cuando se es niño no se puede decir: "papá, a la chingada, me voy yo solo a Chapultepec", pero de grande sí se puede decir: "nos vemos". No es que eso lo solucione todo de inmediato o que el dolor se vaya a ir pero...

MARIO Lo enfrentas de una manera adulta, que se refiere a la capacidad para hacerte cargo de ti mismo y de alguien más, y te das más cuenta. Y deseablemente, meses después, transitando por la pérdida y todo lo que te está enseñando de ti y del otro también. Seis meses después de todo esto encuentras una persona que te va a llamar la atención porque es apasionada y mentirosa, entonces no, ya no. No porque ella sea inadecuada o sea una maldita, yo ya no necesito eso, necesito tranquilidad, consistencia, paz, con un poquitín de sal y pimienta, ese poquitín encantador, ese poquitín de estar casado, emparejado con una mujer que llega tarde porque es pediatra... La quiero, me quiere, no pasa nada, su llegada tarde no significa que yo sea una mierda, significa que la señora está muy ocupada. Ya sé que me quiere, no necesito hacerle un pancho o tirarme al suelo a llorar, eso es otro tipo de relación, producto de tu aprendizaje de la pérdida, precisamente.

SERGIO Muchas veces se piensa: "seguir es bueno, romper es malo", y obviamente no es siempre el caso.

MARIO Hay que saber romper. Casi por definición, cuando a uno lo terminan, lo mandan a volar o te dicen que ya no quieren seguir contigo, la traducción instantánea es: yo no soy valioso, si me están mandando a volar es que yo no soy amable, no soy perfecto, no lo soy. Y eso se siente horrible, sobre todo si te dejan por alguien más. Ojalá la gente tuviera o tuviéramos la decencia de terminar porque ya no quieres a la persona o no la quieres lo suficiente y ya, pero generalmente uno ya se agarró de otro columpio antes de soltar. Generalmente te dejan, o dejas, por alguien más, es típico, de hecho, es un mecanismo de defensa: "estoy con alguien más para no sentir tan feo de dejar a este güey o a esta niña". La vivencia es la del bebé: si su mamá no le da de comer y tiene tres meses, la vivencia es catastrófica, "pinche mundo es una mierda, la gente es una mierda, yo soy una mierda", se parece a esta situación de no darme lo que necesito o decirme concretamente que no importo, "ahí nos vemos". Ser rechazado te confronta con esta cosa de no ser amable y eso es gruesísimo, muy doloroso cuando alguien te termina.

99 Soy la orilla de un vaso que corta,
soy sangre.

—CHARLES BUKOWSKI

SERGIO Alguna vez usted me dijo que un bebé, un recién nacido, no distingue lo que es de lo que siente.

MARIO Lo que el bebé experimenta lo arma o construye en términos puramente emocionales, no conceptuales. Entre otras cosas porque el bebé no tiene lenguaje, no sabe cómo se llama eso que está sintiendo o eso que está viviendo o esa gente con la que está. Organiza lo que vive, que es la definición más concreta de conocimiento: el conocimiento es la organización de la experiencia. El o la bebé conoce, organiza lo que vive a nivel emocional; esto es, siento bonito, siento feo, estoy satisfecho, no estoy satisfecho, me duele la panza, no me duele la panza, tengo hambre, no tengo hambre, tengo dolor, no tengo dolor: el mundo es eso, es emociones y yo soy emociones, yo soy ese dolor, yo soy esa angustia, yo soy angustia.

SERGIO Eso me parece el origen de la poesía. "Soy angustia". Y claro, es una sensación infantil; como adulto hay que saber separar lo que uno siente de lo que uno es. Me dejas, me siento de la chingada, me siento como mierda, pero de ahí a soy una mierda... Lo regresan a uno al estado fetal, prácticamente.

MARIO O te regresas.

SERGIO Claro, se regresa uno solito a la primera infancia. El chiste es saberlo distinguir: me pasó esta desgracia pero yo no soy esto que siento, me sentiré así un rato pero no soy.

MARIO Aunque a veces uno no pudiera sentir otra cosa, quiero decir, la pérdida de un ser amado por muerte. No es que me esté dejando, sí me está dejando pero porque se murió y no porque quisiera, entonces aquí está este pinche dolor espantoso, ahí sí soy dolor. ¿Y cómo lo digieres?, pues escribiendo libros como Joan Didion, o haciendo una bola de cosas para reconstruirte, literalmente reconstruirte, porque ¿cómo lo armas? La gente muy religiosa tiene elementos, la voluntad de Dios, el plan divino, etcétera, pero los que no estamos en esa posición la tenemos un poquito más complicada.

SERGIO Volviendo a Joan Didion, ella, siendo una mujer tan racional, tan atea, entendiéndolo no como un ateísmo militante, horroroso, sino como una mujer de ciencia, una mujer de letras, la pérdida de su marido le da un golpe que la regresa al paleolítico, a vivir, justamente, "el año del pensamiento mágico". Empieza a pensar, cuando va manejando en Los Ángeles, si debe tomar la avenida La Ciénega o Sunset, y piensa cosas como: "no, es que si tomo Sunset, mi marido no va a resucitar, no va a volver, porque Sunset no le gusta por el tráfico; entonces, mejor La Ciénega, pero no puedo pasar por la farmacia por la que yo le compraba sus medicamentos…". Se empieza a inventar una religión para sí misma. Esta mujer tan sofisticada y contemporánea se transforma, por un golpe de la vida, en una cavernícola y empieza a organizar su experiencia de un conocimiento emocional, lo más rudimentario posible. Esta mujer creyendo que su marido va a resucitar si ella cruza la calle de cierta manera y no va a resucitar si no la cruza de cierta otra, cuando sabe que no va a resucitar. Eso es espeluznante, ella lo vuelve poesía, pero su libro también podría llamarse *Yo soy dolor*.

MARIO Quiero pensar, en el momento en que estás describiendo esto de Joan Didion, que probablemente la mujer haya salido de su casa después de estar horas tirada en una cama en posición fetal, enconchada, sintiendo horrible por más racional e inteligente que sea. Sin embargo, este duelo de ella es eso, un duelo. No es una depresión. Hay una diferencia entre depresión y duelo: la depresión te paraliza, la depresión es prácticamente la negación de la vida, estás medio muerto; me refiero a una depresión profunda, no a una depresión moderada como mucha gente llega a tener. Ella lo que tiene es un duelo, está tristísima, está con un dolor espantoso, pero activa. Escribe para no volverse loca, está psicótica la mujer, está loca y se da cuenta.

Entonces, este amante rechazado, por ejemplo, que has sido tú o yo, o esa amante a la que has rechazado o he rechazado yo, pues está hecha polvo, y si tú recuerdas alguna de tus vivencias… yo recuerdo una de la mías y me acuerdo que decía: "no puede ser que esto me esté doliendo tanto", es hasta fascinante decir: "pero qué me pasa, no puede ser, esto es enloquecedor". Por más información y una serie de recursos que tengas, ese dolor es casi intolerable, por lo menos lo es durante algunas horas o días o semanas, y te regresa a una serie de emociones muy antiguas, te pone muy, muy vulnerable. Precisamente por eso es que la gente puede aprender muchísimo de esa pérdida, empezando porque tenga muy claro que le va a pasar, y esto es parte de lo que estamos hablando, fatalmente. Quizá seas una gente afortunadísima y le pegues al premio mayor a la primera y nunca te rechacen o rechaces pero, al final, perderás a tu pareja o ella te perderá a ti.

SERGIO Joan Didion dice, en la versión teatral del libro, algo así como: "Escúchenme, porque esto les va a suceder tarde o temprano". Y sí, eventualmente se nos morirá alguien que amemos profundamente, si no nos pasan las otras cosas, por lo menos ésa es segura".

MARIO Y seguramente va haber rupturas amorosas de mayor o menor intensidad. La gente muy lastimada, muy traicionada, muy poco nutrida emocionalmente, es gente con una fragilidad terrible que a veces puede manejar ese estado siendo helado, frío, o no relacionándose con persona alguna, o en relaciones totalmente superficiales, para no sufrir. O es un hijo de la chingada, explotador, cabrón, manipulador por lo mismo: para defenderse. Pero es gente que a la hora que experimenta una pérdida amorosa es capaz de matar, por supuesto que es capaz de matar o matarse, o no salir de ahí y entrar en una fase depresiva horrenda. Éstos son los caballeros o damas, este 20% o 10% de la humanidad, en los que el chingadazo de la ruptura o de la pérdida es brutal.

Sergio Los que vivieron el apego evitativo.

Mario Efectivamente, *avoidant attachment*, AA o apego inseguro en formas extremas. La gente que somos más o menos *insegurones* o *seguritos* pues nos va mal, pero no tan mal.

Sergio Estoy pensando que si lo único seguro es el enamoramiento y la muerte, lo que nos define son las pérdidas, como seres humanos. Los seres humanos somos mortales, de entrada, un ser humano es alguien que va a morir. Eso es lo que nos define. Cuando yo era niño y decía soy hijo de mi mamá, soy el que saca dieces en la escuela y soy el amigo de éste, y de pronto éste ya no quiere ser mi amigo, no perdí un tercio de lo que soy: más bien soy el hijo de mi mamá, soy el que saca dieces y soy el que perdió a su amigo.

Mario Exacto, eso está verdaderamente sensacional, estupendo.

Sergio Pero eso es lo que me define.

Mario Eso es lo que me construye.

Sergio Hay una canción de Leonard Cohen que se llama "Anthem", que me saca las lágrimas siempre porque hay una frase que dice: "En toda cosa hay una grieta, así es como entra la luz…".

Mario Eso es, esa ruptura, esa pérdida de continuidad, es por ahí por donde entra la consciencia de las emociones y de lo que hemos vivido y estamos viviendo.

SERGIO Tener una pareja implica, potencialmente, perderla.

MARIO Claro, es la otra cara de la moneda. Tener la vida implica perderla. Una pareja me define y me hace saber quién soy en buena medida, a través de lo que ella siente hacia mí y de lo que yo siento hacia ella. Perderla implica forzosamente la indefinición, el hueco, el vacío. Claro que uno no debe vivir en el miedo permanente de perder a la pareja. Hay quienes lo hacen, se aferran a la pareja de una forma espantosa y terminan por asfixiarla, pero eso no es vida. Saber que voy a perder a mi pareja, porque hasta la mejor pareja del mundo se acaba, tenerlo claro, podría hacer que tu vida en pareja sea más intensa. Por otro lado, es bueno saber que puedes terminar de la mejor manera si las cosas no están saliendo como pudieras esperar. Uno va a cometer muchas injusticias y va a ser víctima de muchas injusticias; vas a pagar platos rotos que no te corresponden y vas a echar a perder relaciones muy valiosas. Es este interjuego amoroso en el que "pierdes y ganas". Quizás a veces ganas más cuando pierdes.

SERGIO Por otro lado creo que hay que entender que no depende del todo de uno; eso no quiere decir no trabajar en una relación o no tener que trabajar en la pérdida.

MARIO Eso también hay que aceptarlo, el azar: la relación está marchando bien y de repente la señora se enamoró de alguien más, o tú lo hiciste. Bueno, esa parte la trataremos más adelante. Pero quiero señalar varias cosas que me parecen importantes y aquí me voy a ir con cuidado y despacito: todos estamos en la vida tratando de resolver un problema básico que es la respuesta a la pregunta ¿quién diablos soy yo?

Lo que esto quiere decir es que vamos por la vida tratando de lograr un sentido de identidad. La identidad es la concordancia o sintonía entre lo que pensamos que somos y lo que creemos que los demás piensan que somos. Para llegar a tener una identidad más o menos sólida e idónea, ideal para nosotros y para los demás, creamos o construimos una serie de experiencias que nos ayuden a descubrir tanto quiénes somos como confirmar lo que hemos descubierto ser. Este proceso de autodefinición o autodescubrimiento ocurre por medio de lo que se llama "tareas del desarrollo". El creador del concepto fue Erik Erickson, psicoanalista que trabajó mucho con niños. Te explico: el desarrollo es el cambio psicológico que se da a lo largo de la vida, y en este proceso uno va accediendo, al completar tareas específicas, primero gatear, después caminar, luego correr; balbucear, empezar a hablar, cantar, escribir, a estados cada vez más complejos y, de alguna manera, mejores, más maduros.

Son nuestras relaciones, más que cualquier otra cosa, las que nos ayudan a completar estas tareas a través de las cuales nos definimos. Ésa es la razón por la cual escogemos a las personas que escogemos y ellas nos escogen a nosotros. Eso, el completar o no las tareas del desarrollo, está también en el centro del por qué y para qué de una relación amorosa, nos explica cuándo, cómo, por qué y para qué comienza y termina.

Ahora bien, para completar esas tareas los seres humanos necesitamos la asistencia o ayuda de alguien más, de otro ser humano. Las relaciones, especialmente las amorosas por la carga emocional que implican, son la forma más importante de obtener esta asistencia. Así, el amor puede ser o es el medio por el cual ofrecemos esa asistencia, y un buen amor sería el que es equitativo: la ayuda es dada y recibida por ambos miembros de la pareja. Ciertamente ésta no es una manera muy romántica de plantear el amor. Pero la verdad es que una mujer y un hombre se eligen mutuamente para terminar de construir sus personalidades; claro, dentro de la burbuja de nuestras relaciones románticas.

Nuestras relaciones nos ayudan a lograr las tareas del desarrollo externas: me ayudó a terminar la escuela, me ayudó a comenzar mi negocio. Pero lo que es aún más importante es que nos ayudan a completar tareas internas emocionales: sentimiento de identidad como alguien valioso y querible, independencia, autonomía, confianza, creatividad, por nombrar algunas, al estar basadas, precisamente, en emociones o sentimientos. No apreciamos lo que logramos obtener emocionalmente en nuestras relaciones porque, con aquello de que lo que importa es la razón y no la emoción, no estamos muy atentos a los procesos emocionales en nuestras vidas. El hecho es que, consciente o inconscientemente, todos estamos en algún estado de evolución o desarrollo afectivo, y nada estimula más este desarrollo emocional que nuestras relaciones íntimas. Las tareas internas del desarrollo psicológico, a cumplir o no dentro de las relaciones amorosas, caen en dos categorías: uno, reparar o reconciliarnos con las fallas o faltantes específicos de nuestra infancia y, dos, descubrir y reconstruir los significados emocionales de nuestras historias infantiles, historias que nos contamos a nosotros mismos y a los demás y que, te darás cuenta, nos definen.

Por otra parte, como no hay padres perfectos que nos puedan proveer de todo, cuando llegamos a la edad adulta podemos carecer de grandes porciones de lo que necesitamos para ser nosotros mismos. Como dice la gurú gringa de las separaciones, Daphne Kingma, es como si hubiéramos llegado al umbral de la adultez con nuestras mochilas infantiles llenas de agujeros y rasgaduras sin estar preparados para vivir en el Gran Hotel de la misma. Nuestras relaciones amorosas funcionan o son el espacio en el que remendamos las mochilas de nuestra infancia para poder vivir con dignidad y comodidad en la adultez.

Nuestras relaciones pueden terminar con elegancia, hasta con gracia, cuando las tareas del desarrollo de ambos miembros de la pareja se han completado. Pero cuando esta completitud no es más o menos simultánea la ruptura es especialmente dolorosa. Si tú has completado tus tareas y tu pareja no, es ahí que van a comenzar los problemas, las culpas y resentimientos, el odio jarocho. Hay que darnos cuenta de que tú no puedes hacer que la otra persona complete las suyas; ésa es su propia responsabilidad, ése es su problema.

Una relación puede continuar sólo si los miembros de la pareja están en paralelo o similarmente enfocados en su proceso de desarrollo individual. Cuando uno de ellos quiere cambiar la agenda y el otro prefiere el *status quo* hay problemas.

Para saber más...

Stefan Zweig (1881-1942) Fue un escritor austriaco de la primera mitad del siglo xx. Sus obras fueron de las primeras en protestar contra la intervención de Alemania en la Segunda Guerra Mundial. Fue muy popular durante las décadas de 1920 y 1930. Escribió novelas, relatos y biografías, entre las más conocidas están *María Estuardo* y *Fouché*. Otra de sus biografías, la dedicada a María Antonieta, fue adaptada al cine en Hollywood. Tras su suicidio junto a su esposa.

Lotte Altmann en 1942, desesperados ante el futuro de Europa y su cultura, pues creían en verdad que el nazismo se extendería a todo el planeta, su obra fue perdiendo fama progresivamente. Zweig había escrito: "Creo que es mejor finalizar en un buen momento, y de pie, una vida en la que la labor intelectual significó el gozo más puro y la libertad personal, el bien más preciado sobre la tierra".

Paul Lafargue (1842-1911) Fue un periodista, médico, teórico político y revolucionario francés. Aunque en un principio su actividad política se orientó a partir de la obra de Proudhon, el contacto con Karl Marx, del que llegó a ser yerno al casarse con su segunda hija, **Laura Marx**, acabó siendo determinante. Su obra más conocida es *El Derecho a la pereza*. A la edad de 69 años, Laura y Lafargue se suicidaron juntos, llevando a cabo lo que desde hacía tiempo tenían planeado.

Arthur Koetsler (1905-1983) Fue un novelista, ensayista, historiador, periodista, activista político y filósofo social húngaro de origen judío. Se interesó por la parapsicología, a la que dedicó sus libros *Las raíces del* *azar* y *El desafío del azar*. Enfermo de leucemia y Parkinson, se suicidó junto con su esposa **Cynthia Jefferies**. Junto a Arthur estaba la siguiente nota, redactada casi un año antes, el 3 de junio de 1982, de la que se copia el último párrafo: "Lo que hace, a pesar de todo, difícil dar este último paso es el dolor que pueda infligir a mis pocos amigos supervivientes, especialmente a mi esposa Cynthia. A ella le debo la relativa paz y felicidad de la que he disfrutado en este último periodo de mi vida —y nunca antes".

Estrés La más útil y ampliamente aceptada definición de estrés, atribuida a Richard S. Lazarus es la siguiente: "Estrés es una condición o sentimiento experimentado cuando una persona percibe que las demandas exceden los recursos personales o sociales que el individuo es capaz de movilizar". De manera más informal, nos sentimos estresados cuando experimentamos que "las cosas están fuera de control".

Tanatología Es una disciplina integral que estudia el fenómeno de la muerte en los seres humanos, aplicando el método científico o técnicas forenses, tratando de resolver y enfrentar las situaciones conflictivas que suceden en torno a ella, desde distintos ámbitos del saber, como son la medicina, la psicología, la antropología física, la religión y el derecho. El término deriva del lenguaje griego. En la mitología griega, *Thanatos* (θάνατος: muerte), *logos* (definición o tratado). Es la personificación de la muerte. Desde la perspectiva psicológica está enfocada a establecer entre el enfermo en tránsito de muerte, su familia y el personal médico que lo atiende, un lazo de confianza, seguridad y bienestar, además de propiciar en el enfermo terminal los cuidados necesarios que le aseguren una muerte digna y en paz.

Constructivismo El constructivismo plantea que nuestro mundo es un mundo producto de la interacción humana con los estímulos naturales y sociales que hemos alcanzado a procesar desde nuestras "operaciones mentales".

Esta posición filosófica constructivista implica que el conocimiento humano no se recibe en forma pasiva ni del mundo ("realidad objetiva") ni de nadie (Dios), sino que es procesado y construido activamente, además las operaciones mentales que organizan nuestras experiencias están al servicio de la vida y, como tales, tienen una función adaptativa. El conocimiento permite que la persona organice su mundo experiencial y vivencial.

Para el constructivismo la objetividad en sí misma, separada del hombre, no tiene sentido, pues todo conocimiento es una interpretación, una construcción mental, de donde resulta imposible aislar al investigador de lo investigado. El aprendizaje es siempre una reconstrucción interior y subjetiva.

The Year of Magical Thinking de Joan Didion, Vintage, 2007. En español: *El año del pensamiento mágico*, Océano / Global Rythm, 2007.

A Happy Marriage de Rafael Yglesias, Scribner, 2010. En español: *Un matrimonio feliz*, Libros del Asteroide, 2011.

A Widow's History: A Memoir de Joyce Carol Oates, Eco, 2011.

Nothing Was the Same de Kay Redfield Jamison, Knopf, 2009.

André Gorz (1923-2007) Seudónimo de *Gerhard Hirsch*, fue un filósofo y periodista. De personalidad extremadamente discreta, es autor de un pensamiento que oscila entre filosofía, teoría política y crítica social. Discípulo del existencialismo de Jean-Paul Sartre, rompió con él tras 1968 y se convirtió en uno de los principales teóricos de la ecología política y el altermundialismo.

El 22 de septiembre de 2007 fueron encontrados los cuerpos sin vida de André y su esposa, que padecía de una enfermedad degenerativa desde hacía años. En su último libro *Carta a D.* ya avanzaba que: *"Nos gustaría no sobrevivir a la muerte del otro. Nos hemos dicho a menudo que, si tuviésemos una segunda vida, nos gustaría vivirla juntos." **Carta a D. Historia de un Amor*** de Andre Gorz, Paidós, 2008.

José Joaquín Blanco (1951) Cronista, dramaturgo, ensayista, narrador y poeta mexicano. Estudió lengua y literaturas hispánicas en la UNAM. Investigador del INAH. Colaborador de *El Financiero, El Nacional, El Universal, La Crónica de Hoy, La Jornada, México en la Cultura, Nexos, Punto, Revista de América, Siempre!, Unomásuno* y en la agencia mexicana Notimex. Becario de la Dirección de Estudios Históricos del INAH, 1973; y del CME, 1974. Miembro del SNCA de 1997 a 2003. Primer lugar en el concurso Punto de Partida 1971.

Graham Greene (1904-1991) Un escritor, guionista y crítico británico, cuya obra explora la confusión del hombre moderno y trata asuntos política o moralmente ambiguos en un trasfondo contemporáneo. Greene consiguió tanto los elogios de la crítica como los del público. Aunque estaba en contra de que lo llamaran un "novelista católico", su fe da forma a la mayoría de sus novelas, y gran parte de sus obras más relevantes (*Brighton Rock, The Heart of the Matter* y *The Power and the Glory*), tanto en el contenido como en las preocupaciones que contienen son explícitamente católicas.

Irvin Yalom (1931) Es catedrático de psiquiatría en la Universidad de Standford y psicoterapeuta. Ha escrito numerosos libros de texto y obras de ficción. Se hizo famoso cuando su obra *Love's Executioner and Others Tales of Psychotherapy*, publicada en 1989, alcanzó la lista de los libros más vendidos en Estados Unidos. Su primera novela de ficción fue *El día que Nietzsche lloró* (1992), la cual estuvo en el primer puesto de ventas en Israel.

Es considerado uno de los principales representantes de la psicoterapia existencial en el continente americano.

Francisco de Quevedo (1580-1645) Un escritor español del Siglo de Oro. Se trata de uno de los autores más destacados de la historia de la literatura española y es especialmente conocido por su obra poética, aunque también escribió obras narrativas y obras dramáticas.

Igor Caruso (1914-1981) Nacido en Rusia de ascendencia italiana, fue uno de los representantes de la corriente de la psicoterapia existencial y fundador de una internacional freudiana original. Formado en teología y en filosofía en la Universidad de Lovaina, en Bélgica, y después en psicoanálisis. El conde Igor Caruso participó en Viena, luego de la Segunda Guerra Mundial, en la reconstrucción de la *Wiener Psychoanalytische Vereinigung* (WPV).

John Bowlby (1907-1990) y la teoría del apego Fue un psicoanalista inglés, notable por su interés en el desarrollo infantil y sus pioneros trabajos sobre la teoría del apego.

La experiencia de su trabajo en instituciones con niños privados de la figura materna condujo al psiquiatra y psicoanalista John Bowlby a formular la **teoría del apego.**

El apego es el vínculo emocional que desarrolla el niño con sus cuidadores o figuras de apego y que le proporciona la seguridad emocional indispensable para un buen desarrollo de la personalidad. La tesis fundamental de la teoría del apego es que el estado de seguridad, ansiedad o temor de un niño es determinado en gran medida por la accesibilidad y capacidad de respuesta de su principal figura de afecto o aquella persona con que se establece el vínculo.

El apego proporciona, o no, la seguridad emocional del niño al ser aceptado y protegido incondicionalmente.

Ana Freud (1895-1982) Psicoanalista austriaca. Hija del célebre Sigmund Freud, hizo sus propios aportes al psicoanalisis, en particular sobre la psicología infantil.

Melanie Klein (1882-1960) Fue una psicoanalista austriaca, creadora de una teoría del funcionamiento psíquico. Hizo importantes contribuciones sobre el desarrollo infantil desde la teoría psicoanalítica y fundó la escuela inglesa de psicoanálisis.

La *Señora Klein,* de Nicholas Wright Un día de 1934, la psicoanalista más polémica de Gran Bretaña, Melanie Klein, pionera de la terapia infantil, se entera de la muerte de su hijo Hans en un accidente de montaña. Su hija Melitta, también psicoanalista y detractora pública de las teorías de su madre, sostiene que la muerte de Hans ha sido un suicidio.

Este acontecimiento desata entre estas dos mujeres una batalla en la cual se revelan las profundas heridas de infancia que ocasionaron el distanciamiento entre ellas. Paula, alumna de la señora Klein, quien ha sido contratada por ésta para encargarse de la corrección de pruebas de su nuevo libro, se encuentra en medio de este conflicto, temiendo, por un parte, la confrontación entre madre e hija y deseando, por otra, presenciar el duelo entre estas dos inteligencias implacables.

"Es poco común encontrarse con una obra tan culta, inteligente, divertida y, finalmente, conmovedora", dijo el *Daily Telegraph*, a razón su estreno en el Royal Theater de Londres en 1988.

Ensayo cognitivo Imaginar los pasos que componen la ejecución de una tarea con la intención de fijar la atención en los detalles potencialmente problemáticos, evitando así la divagación y llegar a una posible solución de la situación problemática.

Alfie es una película británica de 1966, producida y dirigida por Lewis Gilbert, protagonizada por Michael Caine, Shelley Winters, Millicent Martin y Vivien Merchant en los papeles principales. Relanzada en el 2004 con Jude Law en el papel protagónico.

Leonard Cohen (1934) Poeta, novelista y cantante canadiense. El 1 de junio de 2011 fue galardonado con el Premio Príncipe de Asturias de la Letras que le fue entregado el 21 de octubre de 2011.

Conocido especialmente por su faceta de cantautor, sus letras son muy emotivas y líricamente complejas. Sus tres ejes temáticos predominantes: el amor, la religión y las relaciones de pareja, deben más a los juegos de palabras y metáforas poéticas que a las convenciones de la música folk. Cohen canta con una voz peculiarmente grave, ha influido en muchos otros cantautores y sus canciones han sido interpretadas por muchos otros artistas. A causa del pesimismo que irradia su música, la prensa lo ha considerado "el depresivo no químico más poderoso del mundo".

Identidad Es la respuesta a las preguntas: quién soy, qué soy, de dónde vengo, hacia dónde voy. El concepto de identidad apunta también a qué quiero ser. La identidad depende del *autoconocimiento*: ¿quién soy, qué soy, de dónde vengo?; de la *autoestima*: ¿me quiero mucho, poquito o nada?; y de la *autoeficacia*: ¿gestionar hacia dónde voy, qué quiero ser y evaluar cómo van los resultados?

Según algunos autores, la identidad se comporta como algo relativo, como un núcleo plástico capaz de modificarse a lo largo de la vida y el desarrollo, lo que permitiría al ser humano tener la capacidad de comportarse de formas diferentes según el contexto en el que deba actuar.

Desarrollo Es un proceso por el cual cada ser humano tiene que vivir para ir creando una madurez adecuada a su edad.

Es un proceso continuo, ordenado en fases, a lo largo del tiempo, que se construye con la acción del sujeto al interactuar con su medio adaptándose gradualmente a través de cambios de tipo coherente de todas las estructuras psicofísicas de un organismo, desde su gestación hasta su muerte. Es un proceso continuo que empieza con la vida. También se puede entender como la transformación de una cualidad que contribuye a perfeccionar a un individuo, sea de manera mental o social.

Erik Erikson (1902-1994) Psicólogo estadounidense de origen alemán, destacado por sus contribuciones en psicología del desarrollo.

Elaboró una **teoría del desarrollo de la personalidad** a la que denominó "**teoría psicosocial**". En ella describe ocho etapas del ciclo vital o estadios psicosociales (crisis o conflictos en el desarrollo de la vida, a las cuales han de enfrentarse las personas):

- Confianza básica *vs.* desconfianza.
- Autonomía *vs.* vergüenza y duda.
- Iniciativa *vs.* culpa.
- Laboriosidad *vs.* inferioridad.
- Búsqueda de identidad *vs.* difusión de Identidad.
- Intimidad *vs.* aislamiento.
- Generatividad *vs.* estancamiento.
- Integridad *vs.* desesperación.

Daphne Rose Kingma Conocida autora estadounidense y experta en relaciones interpersonales. Se han traducido algunos de sus libros al español, entre ellos: *La química de las relaciones amorosas, Encontrar el verdadero amor,* ambas en Ediciones Urano, y *Separación. Por qué termina una relación de pareja y cómo se vive después,* Editorial Lumen.

No tenemos un lenguaje para los finales,
para la caída del amor,
para los concentrados laberintos de la agonía,
para el amordazado escándalo
de los hundimientos irrevocables.
¿Cómo decirle a quien nos abandona
o a quien abandonamos
que agregar otra ausencia a la ausencia
es ahogar todos los nombres
y levantar un muro
alrededor de cada imagen.

—ROBERTO JUARROZ
"No tenemos un lenguaje para los finales"

Segunda conversación

Sergio "Dios mío, déjame estar vivo cuando me muera". Gran frase. ¿De quién es?

Mario De Donald Winnicott. Fue un pediatra y psicoanalista inglés muy afamado. Esa frase es muy interesante. Es lo que quisiéramos todos de alguna manera: estar muy vivos cuando llegue la muerte y no terminar como una piltrafa comatosa y llena de tubos en un encantador y, sobre todo, muy económico hospital de la cadena Ángeles o ABC.

Sergio Y luego me dijo otra frase impactante de un colega suyo...

Mario Sí, mi amigo Marco Antonio Campos, chilenísimo, profesor de psicología en la Universidad Central en Santiago. Dirige una fundación que se llama *Vínculos* que atiende, mayoritariamente, a los deudos de personas que han muerto de manera violenta. Él se especializa en la atención a los deudos de suicidas y tiene una frase estupenda: "Morir es vivir... de una manera que no nos gusta".

Sergio Le voy a dar dos frases ahorita que andamos con las citas. Un amigo mío y yo estábamos hablando de la pérdida de la pareja y él para terminar con una mujer, le dijo: "De lo que estoy harto es de estar velando el cadáver". Ella responde: "¿Cuál cadáver?" y él le dice: "Esto, la relación que tenemos es un cadáver, y ya no la quiero estar velando".

MARIO Dramática frase.

SERGIO Y de ahí me acordé de otra frase que viene en la película *Los infiltrados*, de Martin Scorsese, en la que Matt Damon le dice a su novia: "Si alguno de nosotros va a terminar con esta relación tienes que ser tú. Yo soy irlandés; puedo vivir con algo mal toda la vida". Menciono estas dos cosas porque estamos hablando de que muchas veces la pérdida no es la peor de las opciones: mantener viva una relación a veces es mantener un cadáver sin enterrar, se descompone…

MARIO Sí, huele mal…

SERGIO Si se decide terminar la relación o irse o si el otro se va o muere, hay que dejarlo ir, dejarlo morir. ¿Es de lo que queremos hablar particularmente o es sólo uno de los aspectos?

MARIO Queremos hablar de la pérdida amorosa. Tanto de dejar ir como de afrontar que una relación ya no es, o ha dejado de ser lo que uno quería y se ha convertido en un cadáver; entonces hay que dejarla ir. Sería el acto o los actos de procesar la terminación de una relación o la ausencia definitiva de una persona que amo o amé y que murió; o esto que platicábamos la vez pasada, dejar ir a alguien que todavía vive, que parece ser la gran dificultad. La idea sería cómo terminar una relación que ya no es lo que uno quisiera y afrontar la pérdida, y todo lo que esto conlleva, y también afrontar la pérdida por muerte de la persona amada.

SERGIO La relación con la persona que muere no se acaba. Al contrario, se vuelve gigantesca.

MARIO: Y esta persona vive de una manera, como decía mi colega, que no nos gusta porque, ahora, vive sólo en nosotros porque está muerta.

Todo esto es absolutamente inevitable, fatalmente ineludible, porque no creo que exista una persona que no haya tenido que afrontar la pérdida de una relación, sea, como decimos en México, que él o ella "corte" o los "corte" la otra persona.

Desde ahí ya empiezan los malentendidos, ya desde ahí parecería que uno está terminando con "la" persona con la que tenía una relación y no, no es así: estoy terminando con el tipo de relación que tenía con ella o él, no con ella o él como persona. Esto es algo muy importante porque daría la impresión que uno "tendría que" —lo enfatizo— tendría que pensar muy mal del otro para poder dejarlo: terminar la relación, en estos términos, significa terminar con la persona. Borrar o hacer mierda toda su imagen para dejarla ir, porque si continuara siendo valiosa no la dejo ir: es ahí, precisamente, que hay una madeja muy enredada de equivocaciones, que son algunos de los motivos fundamentales para hacer este libro.

99 Preocuparse por el dinero sirve para evitar preocuparse por el futuro.

—ANTONIA FRASER, *Must You Go?*

Terminar una relación es tan doloroso y nos hace sentir tan mal..., malvados, inadecuados, desesperados, perdidos, solos y sin valor alguno; mal por lo que nuestra familia de origen va a pensar, espantosamente mal por nuestros hijos, por dejar nuestra casa, ansiosos por el futuro económico. Nos sentimos mal principalmente con nosotros mismos: no sólo hemos perdido contexto, historia y las coreografías familiares de nuestras vidas sino, también, el sentido de quiénes somos.

A pesar de que sabemos que uno de cada dos matrimonios termina en divorcio, lo que es prueba de que el asunto no es "para siempre", nos juzgamos muy duramente de acuerdo con los valores implicados en el mito de "para siempre" y, debido a ello, experimentamos culpa, rabia, autoflagelación y una profunda falta de autoestima, marcas de fábrica de la terminación.

Es paradójico darnos cuenta de que somos o creemos ser expertos en enamorarnos, expertos también sobre la forma ritual de cortejar o "ligar", pero no sabemos casi nada de lo que pasa, psicológicamente, dentro de una relación amorosa una vez que se establece y, menos aún, cómo terminarla.

Y ésa es la principal razón por la que las terminaciones son tan difíciles: no sabemos cómo hacerlo. Cuando conversamos con amigos que están terminando o lo han hecho recientemente lo que vemos es gente en un estado de dolor en ocasiones atroz, rebotando contra las paredes emocionalmente y atravesando terribles conmociones. Esto nos enseña que el final de una relación es intensamente dramático y, a veces, hasta trágico; en consecuencia nos hace temer terminar las nuestras. Parece ridículo pero tememos incluso saber que la disolución de una relación puede, de hecho, implicar un mejor estado emocional.

Muchos de nosotros haremos cualquier cosa —incluyendo la continuación de una vida miserable, sin vitalidad ni dignidad, que nos quiebra el espíritu— antes que pasar por los sentimientos de la ruptura. A veces estamos convencidos de que una vez terminada la relación seremos incapaces de amar o ser amados de nuevo.

A pesar de las estadísticas que nos indican que uno de cada dos matrimonios termina en divorcio y que cada uno de nosotros ha sido tocado por la experiencia de alguien que se separa o divorcia, cuando nos hallamos contemplando el final de nuestra propia relación lo hacemos en un estado de total impreparación.
La cosa terrible que les pasa a otros, como una enfermedad terminal o la muerte, es algo que suponemos nunca nos pasará. Debido a que el amor es nuestra "frazadita de seguridad" —te acuerdas de Linus, el de Charlie Brown, y su inseparable frazadita?— queremos que dure para siempre. Cuando digo que el amor es nuestra "frazadita" de seguridad lo que quiero decir es que usamos nuestras relaciones íntimas, más que cualquier otra experiencia en nuestra vida, para resolver algunas de las preguntas más básicas de existencia: ¿por qué no vivimos para siempre? Si me amas no importa no vivir para siempre. ¿Cuál es el significado de la vida? El amor. ¿Qué debo hacer mientras esté en este mundo? Amar a mi esposo, a mi esposa, disfrutar uno del otro hasta que la muerte nos separe. Como ves, Sergio, nuestras relaciones amorosas parecen darnos las respuestas.

Así las cosas, sólo si estás dispuesto a atravesar el proceso de una manera directa y amable, considerada, sin evitar ninguna parte de este proceso emocional, te puedes ir o dejar ir y, después, establecer una nueva y más satisfactoria relación.

99 INGMAR BERGMAN Me decías que las mujeres tienen culpa en la consciencia. Te aconsejo que trates de suprimirla... Yo crecí bajo una disciplina muy estricta. Era común en esos días que se te educara para tener culpa en la consciencia. Una consciencia culpable era parte de tu formación. Sin embargo... en muchos sentidos yo era una rata. Era infiel y mentiroso. Iba de una mujer a otra. Me comportaba como un absoluto cabrón. Finalmente, esto se volvió insoportable para mí. Así que decidí no tener culpa en la consciencia, ya que sentí que se había convertido en una impostura: tener culpa por el sufrimiento que causas. Así que me deshice de mi consciencia culpable.

MALOU VON SIVERS ¿Y eso cómo se hace?

INGMAR BERGMAN La consciencia culpable es una cosa, los sentimientos culpables son otra. Nunca pude liquidar mis sentimientos culpables. Pero al deshacerme de mi consciencia culpable, decidí convertirme en el más destacado en mi profesión. No había límites en mis conquistas como profesional. Todo estaba íntimamente ligado: mis sentimientos de fracaso absoluto como ser humano... y querer compensar este fracaso siendo el mejor en mi profesión. Esto me forzó a tomar ciertas decisiones. Un estilo de vida tremendamente ascético. Precisión, puntualidad, sobriedad... Un rigor que se convirtió en una prueba para mis colegas, de quienes demandaba lo mismo.

—Malou von Sivers en conversación con Ingmar Bergman. TV4 AB Suecia. 5 de abril de 2000.

Sergio ¿Es cierto que el que deja sufre menos que el dejado?

Mario Bueno, el que rompe una relación amorosa de cierta importancia, que ha llegado a estar enamorado pero ya no lo está, o las cosas no han progresado en el sentido que habría deseado y que decide romper, de entrada confronta varios problemas: uno, asumir la responsabilidad por la ruptura; dos, y en el mejor de los casos, tiene dudas o preocupación de cómo va a quedar el otro o qué le va a pasar; tres, culpa, sentimiento bastante asqueroso del que viven los curas y los psicoanalistas; cuatro, enojo por que el otro no se anima a romper a pesar de las provocaciones (si es que las hay). Confronta, como vemos, varias cosas complicadas, tan complicadas que hay muchísima gente que sólo se anima a romper una relación cuando —o porque— hay alguien que lo está esperando. No exactamente que tenga o esté teniendo una relación amorosa y entonces rompa, sino, más bien, existe la posibilidad o ésta ya se dio. Trato de ser más claro: para poder terminar con mi pareja, sea novia, amante o esposa, me es más sencillo hacerlo si alguien me está esperando o me va a consolar o ya me está consolando; de hecho la presencia de esta otra persona pudiera ser la supuesta "razón" por la que termino. Entrecomillé "razón" porque uno piensa que rompe por él o por la otra, sin darse cuenta de que esa otra o él siempre han sido parte de mi relación primaria, la que tengo o he tenido con mi esposa, novia, amante. Eso en particular, salir de la relación primaria por la presencia de una o un tercero, me parece un error grave, una falta de responsabilidad y de entereza, de estilo y de clase. A no ser que se diga clara y explícitamente: "estoy terminando la relación por esto mismo, porque hay alguien más, porque alguien me llama la atención"; pero eso sería como dicen los gringos *add insult to injury*, que en castellano se traduciría como "para colmo de males... échale todavía, te dejo y además por alguien más", y eso está muy fuerte.

SERGIO Echarle sal a la herida.

99 Y fue inútil, como lo son todos los sacrificios.

—AYN RAND, *El manantial*

99 Hay que ser despiadado, ser despiadado no es lo mismo que ser cruel.

—CARLOS CASTANEDA, *El conocimiento silencioso*

MARIO Exacto. En el mejor de los casos la persona que desea terminar y se ha decidido a hacerlo irá a cuidar la ruptura, quiero decir, será lo más delicado y generoso con la persona con la que está rompiendo esa relación. A pesar de ello, o precisamente por ello, el abandonado podría confundir esta delicadeza o la amabilidad con dudas, con ambigüedades, con "todavía me está queriendo, todavía me quiere y no se ha dado cuenta", y esto hace o puede hacer las cosas aún más tortuosas o complicadas, de ahí que terminar bien una relación, cualquier relación, se convierta en un verdadero arte: requiere paciencia, disciplina, destreza o delicadeza...

Ahí está lo de la separación como un arte, terminar con el cuidado de un buen cirujano: un corte rápido y limpio, definitivo, contundente y certero, y no estar con la mano temblando, dudando, que es lo que hace más daño. Eso de andar con "pobrecito o pobrecita, no la quiero lastimar" le quita dignidad al abandonado y, de pasada, al que abandona. Por supuesto que va a correr sangre y quizás salpique, pero corre menos si el corte es rápido e irrevocable, despiadado. Creo que la piedad o la lástima son sentimientos que no merece alguien que ha sido importante para nosotros; le restan dignidad y respeto. Pero también es cierto que ser delicado, como veíamos, puede confundir. Creo que, necesariamente, vamos a citar a muchos amigos que tenemos, y para empezar decía una muy inteligente y realista amiga mía que "más vale un terrible final que un terrible sin fin".

Terminar una relación no tiene atractivo. El que termina es, por definición, un o una malvada. Es "mala onda", cruel, egoísta, despiadado, incluso si lo hace de la manera más honesta y cortés: está abandonando, es mala persona. El o la que se queda, el abandonado es, por definición, un o una pobre tonta o tonto, un ingenuo romántico, cuando no un pendejo: es aquel que sigue amando y es el bueno de la película, el que se va a quedar con todas las reacciones típicas del abandonado: enojado, pensando que se le adelantaron en días, meses o años; confuso, sin saber para dónde jalar; va a tener una serie de reacciones que pertenecen al abanico de la tristeza o, incluso, al tono o matiz depresivo. Adelantemos aquí que hay una diferencia sustancial entre estar deprimido o triste. La tristeza es un sentimiento normal que se despierta o echa a andar cuando experimentamos una pérdida. Nos da, dependiendo de su intensidad o profundidad, una medida de la magnitud o importancia de la pérdida. Su función o para qué es, toda vez que el triste se aísla, no interactúa, busca la soledad, la de llegar a comprender y tener claro el papel o responsabilidad que jugamos o tenemos en que la pérdida ocurriera. Una vez que logramos esto la tristeza se disuelve. Dicho de otra manera: la función de la tristeza es dejar de estar triste, resolverse. Cuando llego a darme cuenta de que la ruptura era inevitable, que dejamos de querernos por diversas causas, que la responsabilidad de la pérdida de la relación es de los dos o, a veces, más del otro que de uno mismo, entonces la tristeza se atenúa y desaparece.

La depresión es una tristeza que no se atenúa, que no desaparece; por el contrario, se hace cada vez más profunda e invade otras áreas más allá de la sentimental o afectiva: el pensamiento, la concentración, la vitalidad, el impulso a hacer cosas, la conducta, los ritmos vitales: el dormir, el comer, el funcionamiento mismo del cuerpo. La depresión nos amputa de la vida y nos acerca a la muerte en tanto inmovilidad y aridez extrema.

99 Mi enemiga no eres tú, tu enemigo no soy yo;
el enemigo común está alrededor...

—JAIME LÓPEZ, "Sácalo"

El abandonado, triste o deprimido, despierta en nosotros una mayor simpatía o lástima, cosa que el abandonado siente o percibe, esto es, se da cuenta de que da lástima porque lo dejaron, y que la gente dice algo así como "pobrecito, lo dejaron, o pobre pendejo, no fue lo suficientemente capaz de retener a su vieja, o no fue suficientemente hombre o mujer para retener o pelear por él o ella", y en general una sarta de estupideces que no son más que eso, estupideces, porque nadie puede saber, excepto los involucrados, las particularidades del caso.

Hay que admitir, sin embargo, que algunas de las estupideces que se dicen de la pareja que termina son ciertas. ¿De qué mueren los abandonados? Pues de ardor, dicen, y esta "ardidez" es terrible. Los que la hemos experimentado sabemos que es verdaderamente pavorosa; "me ardí" es parte de nuestro lenguaje en la ciudad de México y significa: "me dolió y me enojé terriblemente, o me alteré muchísimo", como si, precisamente, me hubieran abandonado. Como vemos, estos dos personajes del drama tienen estados emocionales diferentes, especialmente cuando la ruptura no está bien hecha... Bueno, más bien, esto se va a dar siempre, pero los sentimientos son más agudos mientras menos adecuadamente se realice o construya la ruptura.

No sé qué pienses en ese sentido, Sergio, pero creo que si los dos integrantes de la pareja experimentan o experimentaran la misma tristeza porque la relación no funcionó, el dolor por dejarse y poder elaborar esto juntos, en la medida en que les sea posible y teniendo en claro que están terminando, el impacto no sería tan fuerte. Aunque claro, nuevamente, llevaría a esta paradójica ambivalencia: "si nos estamos separando tan lindo, pues ¿para qué nos separamos?".

Es difícil, es un terreno resbaladizo. A mí me gustaría que, si me mandan al diablo, lo hagan con mucha delicadeza y no me cuelguen el teléfono y no nos volvemos a ver pero, al mismo tiempo, quisiera que me mandaran al diablo con la suficiente firmeza como para hacerme ver, con la mayor claridad posible, que esto es terminal, definitivo, y que no haya duda de ello.

Esto es lo que vamos a tratar de desglosar: cómo tener un esquema general del rompimiento, por un lado, y de qué hacer cuando es uno el dejado, y esto último se extendería a la muerte y otra parte del libro se extendería al proceso de cuando alguien está muriendo. Cómo afrontarlo. Esto se ha visto muchísimo en la literatura y el cine, pero por favor sin tomar en cuenta la horrenda película *Ghost: la sombra del amor*.

SERGIO Qué mierda. Lo peor de todo es que mucha gente cree que la pérdida se vive así. Y es absolutamente perverso hacérselos creer. No me quiero ni acordar de ella, pero bueno, ¿por dónde le gustaría empezar?

99 And they call it puppy love
Oh I guess they'll never know
How a young heart really feels
And why I love her so.
And they called it puppy love
Just because we're in our teens
Tell them all, please tell them it isn't fair...

—PAUL ANKA, "Puppy Love"

MARIO Creo que podríamos empezar por el lado de los novios que terminan, ya que usualmente su relación no es tan compleja como una de matrimonio. Y mira, el noviazgo es esa importantísima relación que funciona a manera de ensayo general de una identidad psicosexual adolescente que se está estableciendo, desarrollando.

En el noviazgo adolescente, decía, uno anda "estrenando", no sólo un cuerpo sexuado y que funciona a la perfección; también estrena estupendas habilidades intelectuales como la abstracción y el juicio; emocionales, como el enamoramiento mismo, la angustia existencial, la necesaria decepción por unos padres que no son lo maravillosos que uno suponía; habilidades eróticas: excitaciones intensísimas, inquietantes sensaciones frente al sexo opuesto o ante el mismo, orgasmos sorprendentes por novedosos y adictivos... Y todo este abigarrado conjunto bañado, abundantemente, con la condimentada salsa de las hormonas sexuales. **Los noviazgos son absolutamente necesarios, fundamentales, son los primeros vuelos de prueba que van a inaugurar o, más bien,** resignificar un estilo de vinculación o de apego: una reactualización, intensamente erotizada, del modelo de apego de cada quién. Van a reforzar y, deseablemente, a hacer más complejo el relativamente burdo mapa amoroso de la infancia. Aquí el mapa es el territorio, lo que no está en nuestro mapa interior no existe en el exterior.

Yo quisiera empezar con mi propia primera experiencia —es la que más conozco— de terminar una relación de noviazgo, ser dejado por primera vez. Me río mucho de acordarme, a 45 años de distancia, pero en su momento fue terriblemente dolorosa. Esto me ha de haber ocurrido cuando tenía unos 15 o 16 años con mi primera novia, quien tenía un nombre poco usual en México: se llama Ida, o "Áida" como se pronuncia en inglés, todo mundo me decía "cómo te va con Industrial de Abastos" porque existían unas salchichas muy populares de esa marca (IDA). Gran chica ella y, en verdad, un encanto de mujer, muy inteligente, muy linda, con unos grandes ojos verdes, muy expresivos. Esta joven tuvo a bien decirme, como a los tres meses de noviazgo, cuando empezaba a estar fascinado con ella porque tenía las primeras, y muy excitantes, aproximaciones al cuerpo femenino y a la extraordinaria y compleja gama de sentimientos del enamoramiento; pues bien, esta joven un día me dice: "Mario, es que tenemos que hablar, porque Felipe me mira", y yo le dije: "¿Perdón?".

El tal Felipe era un compañero de ella del mismo salón. Yo lo había sido en el primer año de preparatoria y en el segundo año nos separamos, y Felipe era, y es todavía, supongo, un hombre muy inteligente, muy capaz, que parecía poeta del siglo antepasado: pálido, flaquísimo, barba de dos o tres días muy cerrada, unos grandes ojos, muy brillantes, rodeados de unas ojeras que arrastraba por el piso…, y no la veía simplemente, la miraba…

SERGIO Oiga, pero ¿ni siquiera se le acercaba para decirle: "es que tú me gustas" o algo así?

MARIO No, simplemente ella decía que había algo que la inquietaba muchísimo, que en esa mirada había algo más y me dijo: "Hasta aquí llegamos porque me interesaría saber qué pasa con Felipe". Entonces, esta joven, Ida, en un llamativo acto de honestidad total me dijo: "Bueno yo creo que tenemos que terminar…", y terminamos. Aquello fue dolorosísimo, no podía creer que algo así pudiera doler tanto.

SERGIO Eso es muy notable, lo primero es el impacto de cuánto duele.

MARIO Para cualquier adolescente que se enamora por primera vez es una hecatombe, porque los adolecentes son, fuimos, seres profundamente necesitados: de confirmación del atractivo para la gente del sexo opuesto (o del mismo), de saberse heterosexual u homosexual, por ejemplo, tener estos primeros escarceos amorosos y saber qué es lo que está sucediendo, de saberse deseables, atractivos y un montón de cosas que nos interesan en otro nivel: ya no soy el niño o la niña de mi mamá que me quiere y de mi papá que me quiere porque me están sonriendo.

" Back in 1957
We had to dance a foot apart
And they hawk-eyed us from the sidelines

Holding their rulers without a heart
And so with just a touch of our fingers
I could make our circuitry explode
All we ever wanted
 Was just to come in from the cold

—JOMI MITCHELL, *Come In From The Cold*

SERGIO Todo está en el exterior, es decir, toda la valida-
ción que tiene un adolescente está afuera.
MARIO Sí. Exacto.
SERGIO ¿Toda?
MARIO Prácticamente. De hecho es una de la tareas de la
adolescencia, la parte de enamorarse, socializar,
de la relación con el otro, definirse, en fin.
SERGIO ¿Definirse en preferencia sexual?

99 She wants
New shoulders to cry on
New backseats to lie on
And she always gets her way.
She wants to see other guys
Get lost in other eyes
Baby's in the black books
Yes she's in the black books today.

—NILS LOFGREN, *Black Books*

MARIO En preferencia sexual entre otras cosas, y como alguien único o destacable para alguien más, el novio o la novia en este caso. Uno tiene casi toda la
autoestima, más que "autoestima" —me choca un

poquito el terminajo—, la imagen o el valor de uno mismo está puesto en cómo el otro o la otra, en este caso la novia, reacciona hacia nosotros. Como habíamos dicho anteriormente en relación a los modelos de vinculación, es decir: si mi novia me sonríe y me pone cara de borreguita a medio morir ella es como un espejo que me devuelve o refleja una imagen de mí como que soy lindo, reflejo que me dice quién soy y si ese que soy es amable y, además, eso viene de alguien que me es profundamente valioso: mi novia. Si es recíproco hay una fascinación mutua increíble.

Y bueno, de repente Ida me dice que quiere verse en otro espejo o que yo dejé de importarle como su espejo y ella, a su vez, deja de ser mi espejo. Gran drama, se me salieron las de san Pedro y sí, por supuesto, hubo coraje, rabia, ganas de ir a golpear al tal Felipe al que, además, yo no podía reprocharle nada, porque sólo la miraba, y tampoco podía decirle nada a Ida porque estaba siendo honesta conmigo. Creo que ella lo hizo bastante bien en general. Lo que hizo estupendamente, lo recuerdo con gran nitidez, fue recalcar que la relación había sido muy valiosa para ella, que yo era una persona que había apreciado mucho y, sobre todo, no me dijo la típica y mamonsísima frase: "espero que seamos buenos amigos", que es muy dolorosa y que inmediatamente provoca que le digas dentro de tu cabeza o de plano se lo sueltes abiertamente: "chinga tu madre". Una mujer muy inteligente y valiente. Me dejó con el corazón hecho pinole y 15 días después regresó y me dijo: "Bueno, Mario, Felipe me miraba y me miraba…, pero sólo era eso, en realidad no está interesado en mí, nada más me miraba…" Y, ¿qué tal?, soltó un poquitín el anzuelo para ver si yo lo pescaba y regresábamos, me acuerdo o a lo mejor me lo inventé, pero como yo estaba indignado y había escuchado muchas canciones de José Alfredo Jiménez..., "pues ahora no, ahora no", me dije y no sé si se lo dije expresamente. Todo ello era una versión muy infantil de algo que observó Bowlby: los bebés, cuando son dejados o "abandonados" un rato por su mamá, y ella vuelve, lo primero que hacen es rechazarla; esta actitud dice implícitamente: "por dejarme te voy hacer sentir lo que tú me hiciste sentir, cabrona". Como dije, ésa es una de las reacciones estudiadas por John Bowlby, este autor de la Teoría del apego de la que hablábamos en la conversación anterior, y quien es un poco culpable, junto con otros autores que sí son muuuy culpables: Sigmund Freud, Helene Deutsch, Eric Lindeman y Elizabeth Kübler-Ross, de los malentendidos más importantes acerca de lo que es duelo, creadores de zarandajas como "trabajar" el duelo, "trabajo" de duelo... Lo que hay que hacer es construir y reconstruir el duelo, lo otro son ideas nefastas, que de una buena vez vamos a ver de dónde salieron.

El término exacto acuñado por el mismísimo san Segismundo de Viena (Freud) fue: "trabajo de duelo". No dijo elaboración, acostumbramiento o rutina, dijo "trabajo de duelo"... y eso fue muy desafortunado. Comúnmente cuando a alguien se le muere una persona, por ejemplo: a una señora se le muere el esposo, una señora joven de 30 años con un matrimonio de dos años, muy enamorados y resulta que se muere el señor en un accidente y la joven viuda está bastante bien después del funeral, y por "bien" quiero decir: se integra a su trabajo, funciona, hace lo que el mismo Freud decía, "ama y trabaja", está sana mentalmente; la gente con sanidad mental hace dos cosas: trabaja y ama. Esta mujer trabaja y ama a sus papás, a sus cuñadas, a sus suegros e incluso sigue amando el recuerdo de su marido.

A los tres meses del sepelio está bastante bien y se la encuentra uno y le pregunta: "¿cómo estás?", y se ve bien y sonríe y uno inmediatamente empieza a sospechar: "¿cómo puede estar tan bien tan pronto? ¿Qué está ocultando?". "No ha elaborado el duelo, no ha penado lo suficiente, ¿cómo es que está tan bien así de rápido?". Porque según san Segismundo el trabajo de duelo es un trabajo verdadero que tiene que durar mucho tiempo. "¿No estará ocultando algo, no será que no lo quiso?". En la gente que se divorcia o que enviuda se ve muy mal que después tenga una pareja o que empiece a salir con alguien antes de, cuando muy pronto, seis meses; si no es así, lo que uno piensa es que seguramente tenía una relación desde antes o que seguramente no quiso lo suficiente al difunto o al ex. Como si la gente que está en duelo tuviera que transitar por este "trabajo", o por una serie de etapas que plantean otros autores. Freud lo que dice en relación con el duelo, como muchas de sus cosas, es original, es inteligente, perspicaz... pero absolutamente falso. Porque no hay nada que lo compruebe, ni en la misma época de Freud hubo una comprobación, ni por él mismo ni por nadie más. Claro, eran otras épocas, el rigor de la investigación científica en psicología era absolutamente laxo; pero bueno, la idea, totalmente falsa, es la siguiente: cuando uno ama se apega al objeto amado, "deposita su libido" en la persona que ama. La libido para Freud era como una especie de goma o de pegamento psíquico, con la que uno se pega o se adhiere a los objetos amados, en particular a una persona. También es la suma total de la "energía psíquica", y no solamente energía o deseo sexual, como se entiende popularmente. Así las cosas, y siempre siguiendo a Freud, uno tiene una inversión libidinal en la persona que ama; o sea, le ha puesto mucha energía, mucha libido en esto. Uno se "pega" a esta persona y cuando esta persona se va, el apego —de ahí la idea de *pegamento*— por esa persona continúa. Se tiene que disolver ese pegamento para que uno se pueda "liberar o despegar" de esa persona y para hacerlo se tiene que realizar, forzosamente, el "trabajo de duelo". **El trabajo de duelo consiste en que uno debe ir cortando todos los apegos o "pegamentos" que tiene con esa persona, ir cortando una a una todas las experiencias con él o ella, todas las cosas que se vivieron en pareja, para ir procesando el despegamiento o la liberación de la libido y, después de un tiempo determinado, generalmente prolongado —¡imagínate, ir recordando cada cosa vivida!—, y de "trabajar" de esa manera, uno puede "despegarse" y recuperar esa libido.**

La idea es muy atractiva, ya que es muy claro que si se te muere alguien vas a estar pensando continua y reiteradamente en esa persona, recordándola. Está claro que el apego existe y que si alguien está triste, deprimido, ponchado y mal, es porque no tiene la suficiente energía; esa energía se la llevó el que murió y en el momento en el que puede recuperar esa energía la utiliza para otras cosas, para apegarse a alguien o a algo más. Si te fijas, es una idea muy interesante, nada más que, pequeño detalle, Freud no dijo nunca qué era ese pegamento y cómo pegaba, nunca regresó a esa idea que está en uno de sus artículos más importantes, más trascendentes, "Duelo y melancolía", bastante bien escrito, como todo lo de Freud. Todo esto llama la atención porque Freud era bastante acucioso con sus propuestas teóricas y aquí fue descuidado, suena como una ocurrencia que no elaboró más, pero el haber dicho "trabajo de duelo" es parte clave y fundamental del pensamiento psicoanalítico en relación con las pérdidas. Se le podría haber ocurrido cualquier otra cosa pero no, san Segismundo creía que el duelo "se tiene que trabajar"; insisto, dijo trabajar.

A la luz de las investigaciones modernas, hacer eso es contraproducente; esto es, mientras más "trabaja" uno en los recuerdos, más se fijan en la memoria, porque se asocian con más cosas; en lugar de olvidar uno recuerda más; ¿por qué?, porque las memorias están hechas de asociaciones y de repetición. Más bien se trataría de no pensar o no recordar a la gente que murió, lo cual es bastante difícil, ya que puede ocurrir algo paradójico: cuando yo digo "deja de pensar en un elefante", vas a pensar en el elefante. Insisto, lo que dijo san Freud es completamente al revés: procesar un duelo, si tal cosa es posible, no es tratar de acordarse de cada una de las memorias para eliminarlas. Sin embargo, esa idea se ha quedado en el imaginario colectivo.

La idea de Freud, si mal no recuerdo, fue en 1917, estamos hablando de más de 90 años y ya es parte de nuestra cultura: la gente habla de "no trabajó el duelo o no ha trabajado el duelo". Y fí-

jate: 20 años después, en los años treinta hubo una
señora discípula de Freud que se llamaba Helene
Deutsch y que estudió cuatro casos, los que publicó en un ensayo que, si la memoria no me falla,
se llamaba "La ausencia de duelo" o "El duelo no
elaborado"; en esta serie de cuatro casos, uno de
ellos era de una paciente que no paraba de llorar
sin estímulo aparente, y otro era de un señor que
estaba carente de emociones. Doña Helene llegó a
la conclusión de que los síntomas de estas personas
resultaban o eran la consecuencia de que no habían
"trabajado" o elaborado su duelo de manera suficiente. Ese duelo, por lo tanto, se había quedado en el inconsciente y por eso estaba provocando
esta sintomatología. Siguiendo la idea del inconsciente de los psicoanalistas, parece ser que para
ellos el inconsciente es una especie de bestezuela
que tenemos adentro, a la que hay que alimentar y
darle lo que quiere, porque si no le damos lo que
quiere le da a uno lata de diferentes maneras. Así,
en estos pacientes que habían tenido una pérdida
y que no habían "trabajado" su pérdida su inconsciente les "provocaba" síntomas. Conclusión: el
duelo no elaborado produce síntomas.

Doña Helene hizo un trabajo impecable desde
el punto de vista psicoanalítico pero, nuevamente, no tuvo ni se tiene prueba de que esto fuera
así. Para acabarla de fastidiar, 10 años después un
señor que se llamaba Eric Lindemann estudió a
los deudos de una gran tragedia que ocurrió en
1942 o 1943 en un cabaret que se llamaba *Cocoanut Grove* en Boston. El caso es que se cele-
braba un juego de futbol entre Harvard y Yale o
alguna otra de esas universidades en Estados Unidos y todos los fanáticos se metieron al cabaret y

murieron quinientas personas quemadas. Lindemann estudió a los deudos y llegó a la conclusión
de que muchos de ellos tenían reacciones, síntomas, por un duelo no elaborado tomando como
base las ideas de doña Helene y de san Segismundo. Éste fue un suceso muy publicitado en Estados Unidos, en plena Segunda Guerra Mundial,
en 1942, y Lindemann publicó su investigación
más o menos en 1947, cuando aún todo mundo
tenía muy fresco el asunto. Él había estudiado a
los deudos y había publicado sus hallazgos y ahí
decía: "Síntomas o reacciones por duelo no elaborado, no trabajado". Entre otras, la consecuencia de pensar así es que si uno está bien muy rápido, sea lo que sea que eso signifique en términos
de tiempo, no está bien.

**Aquí viene algo muy importante: la mayor
parte de los estudios que existen sobre duelo en
la bibliografía profesional están hechos en personas que, obviamente, han perdido a alguien y
están profundamente, seriamente, alteradas: deprimidas, llore y llore en la cama, con una reacción depresiva grave o mayor. Los estudios no
están hechos sobre gente que ha transitado por
su duelo bien, sin mayores problemas emocionales más allá del dolor mismo por la pérdida.
Lo que esto quiere decir es que los estudios están sesgados: están hechos sobre gente que no ha
podido superar la fase de duelo. No hay muchos
estudios sobre la gente que lo haya hecho bien;
bueno, sí los hay, de un doctor en psicología que
se llama George Bonnano en su libro *The Other
Side of Sadness* [*El otro lado de la tristeza*].**

Lo que dicen los "expertos" en el duelo —hasta los títulos de sus libros: *Como sobrevivir a la*

pérdida del ser querido, "Regresando del duelo" —
implican que el duelo es una chinga y por supuesto que lo es, pero una gente que esté bien en tres
meses es una gente perfectamente sana y de ninguna manera "atorada" en un proceso de duelo que
no ha superado, como lo demuestra el mencionado
Bonnano.

Volviendo a John Bolwby, sus estudios empezaron por revisar la conducta de los bebés de
las señoras inglesas que daban a luz y dejaban al
niño para parir un nuevo hermanito. Eran los años
cuarenta o cincuenta y las señoras se pasaban varios días en el hospital. Lo que Bowlby investiga-
ba era cómo reaccionaban los bebitos al regreso
de la mamá o cómo reaccionaban al abandono,
o también, si mal no recuerdo, hizo estudios en
los hospitales pediátricos; en ese entonces la costumbre inglesa era que cuando llevabas al niño
a un procedimiento quirúrgico lo dejabas en el
hospital y no lo volvías a ver hasta que salía. Estudió qué les pasaba a los niños en estas circunstancias y descubrió que la primera reacción del
niño era una reacción de protesta y enojo, luego
una reacción de aislamiento, después abatimiento
y al final franco decaimiento, y cuando regresa la
mamá, el niño, en plan suicida, le mienta la madre
a su madre y hasta le pega. Lo que está pasando
aparecía en fases: protesta, ira, enojo, aislamiento, tristeza y abatimiento. Eso se parece a lo que
años después hizo la señora Katherine Kübler-
Ross y que se planteó cinematográficamente en
la estupenda película de Bob Fosse *All That Jazz*,
con Roy Scheider en el papel de Joe Gideon, un
álter ego de Fosse.

99 Joe Gideon (a punto de morir):
—Bueno, al menos ya no voy a tener que mentirte.

—ROBERT ALAN ARTHUR Y BOB FOSSE,
All That Jazz

Según Kübler-Ross y Bob Fosse, cuando uno se entera de que va a morir por alguna enfermedad terminal entra en: 1. negación, niega la muerte o el hecho de que va a morir pronto; 2. se enoja, precisamente porque se va a morir; 3. trata de negociar con el creador o con quien sea, lo que sea con tal de seguir vivo; 4. se deprime al darse cuenta de todo lo que va a perder con su muerte y, 5. finalmente, acepta todo el asunto. Esto se extrapola cuando uno se entera de que alguien querido va a morir o ya murió. **Son cinco fases como escalerita: negación-ira-negociación-depresión-aceptación. Si uno falla en ese trabajo de ir progresando de una fase a otra y se regresa a una anterior, quiere decir que el trabajo de duelo no está elaborado o "suficientemente" trabajado.** Bueno, pues eso es un nuevo error gigantesco que, para variar, no está demostrado y porque, además, doña Liz Kübler-Ross trabajaba con pacientes terminales que estaban afrontando su propia muerte y no trabajaba con los deudos. Como dije: extrapoló los hallazgos. Por su parte, Bolwby trabajó con bebitos, no con adultos, quienes afrontamos el duelo de una manera distinta. Como ves, hay una larga serie de malentendidos.

SERGIO Dejamos de hablar de Ida, su novia de la adolescencia, y luego nos desviamos hasta esto del duelo, ¿por qué nos desviamos hasta el asunto del duelo?

MARIO Porque estas ideas son erróneas y, desafortunadamente, son parte ya de la cultura y son aceptadas acríticamente, en automático. Que lo hagan las personas no profesionales de la psicología o la psiquiatría vaya y pase, pero los colegas...

Como me escuchaste decir, no sólo no se ha demostrado lo dicho por san Segismundo, Helene y Eric, sino que se ha extrapolado a lo que sucede en una muerte o con la pérdida amorosa cuando la gente sigue viva... y no es lo mismo, no tiene nada que ver. La gente en general afronta sus duelos de maneras más sanas; de hecho pienso que no es mucha la gente, de ninguna manera la mayoría, que está tirada en la cama por la depresión. La mayoría de la gente se quiebra, se tuerce, se retuerce... y regresa a su estado natural: es resiliente.

No tengo dudas de que esos conceptos fueron honestamente planteados y se derivan de una circunstancia clínica real pero, si se pegan o combinan con estas ideas del "trabajo" de duelo, de que el duelo no trabajado va a provocar síntomas, eso genera que la gente y los profesionales, muchísimos colegas, pensemos que la norma es que uno resuelve el duelo cuando hay una aceptación, esto es: "ya se murió y ya, no estoy más deprimido porque ya se murió, ya ni me enojo". Y si se vuelve uno a enojar o vuelve a regatear o tiene recuerdos muy vívidos de la gente que perdió por muerte o por ruptura, uno mismo o el profesional que lo atiende puede pensar que no ha superado el duelo y que se está haciendo pendejo, por un lado, y por el otro requiere cinco años más de psicoanálisis para "trabajar suficientemente" el duelo.

Insisto: eso no ocurre con la mayoría de la gente porque afronta las cosas de una manera mucho más sana.

SERGIO ¿Cómo afrontó usted la pérdida de Ida?

MARIO No lo recuerdo bien y te digo por qué: cuando llevé la materia de psiquiatría de la adolescencia aprendí que los adultos tenemos en relación con esta etapa una hipermnesia anecdótica, lo que quiere decir que tenemos una memoria superdesarrollada de tipo anecdótico: nos acordamos con extraordinario y vívido detalle de lo que nos ocurrió, pero al mismo tiempo tenemos una amnesia emocional. Esto es, uno se acuerda de 20 000 detalles pero no de los sentimientos que tenía cuando ocurrió la anécdota que narra. "¿Te acuerdas de cuando fuimos a Acapulco a emborracharnos con cocos?", y uno se acuerda de qué tamaño era el coco y de cuánto costó la botella de vodka, cuántos hielitos le echamos, pero no se acuerda del estado de ansiedad que tenía por salirse de su casa y ponerse una borrachera o el miedo que tenía a estas cosas emocionales. Lo cual es una bendición de la memoria porque la adolescencia es un periodo de enormes dramas que, afortunadamente, no "revivimos" al contarla. Yo recuerdo el impacto cuando esta joven Ida me dice: "Ya no más", estábamos en la cocina de su casa y estaba sentado en un banquito y ella me abrazó y me confortó, seguramente lloré pero no me acuerdo ni del vacío que sentí cuando me lo dijo ni que se me abrió, seguramente, la tierra; no me acuerdo de lo que sentí pero sí del taxista que me llevó de regreso a mi casa porque yo vivía lejos, ella vivía por Tlalpan y yo más hacia el centro de la ciudad; no recuerdo ni cómo llegué a mi casa pero sí a mi mamá que me dijo: "¿Qué te pasa, niño?", creo que me habrá visto muy raro. Gran tristeza, pero ¿cómo lo afronté? No creo que muy bien porque me quedé como *ardidón* en la típica fase y frase de: "Pinches viejas… que mal pagan". Me consta que Ida no fue novia del tal Felipe, supongo, y si lo fue no funcionó a corto plazo, y también hice intentos de regresar con ella pero en plan de venganza, porque quería hacerle lo mismo. Estos perversos planes no cuajaron porque nos hicimos buenos amigos, pero lo que sí recuerdo es que después de todo eso tuve una actitud muy cínica con el resto de las muchachitas. Esto que te estoy contando era más o menos en segundo de preparatoria, vino el tercer año de preparatoria, vino el 68 y perdimos el año por la huelga, y al siguiente repetí el año y era ya todo un fósil, como le llamamos al que no termina la prepa a tiempo. Recuerdo que tenía todo el tiempo del mundo para vagar… y entonces me dediqué a tener novias. Tenía yo un librito y ahí anotaba sus nombres, creo que tuve 19 novias en un año. Y bueno, no eran novias: era salir con alguna chica y darle un besito… y ya, habían sido mis novias, según yo. Pero me regodeaba en conquistarlas y mandarlas a volar, o sea, me había vuelto un cínico hasta que se atravesó la Magui y aquí sí fue un enamoramiento más intenso; nada que ver con Ida. Y también fui mandado a volar, ahora por un tenista copa Davis, no de buena manera, pero ¿cómo afronté esa segunda pérdida?, creo que la pérdida como tal no tan mal, no me rompió, me dolió, pero lo que no pude manejar muy bien fue el enojo, el resentimiento. La pérdida me dolió, la padecí, lo sufrí, pero quedé enojado. Si eso no es resolver la pérdida o el duelo podría pensar que me quedé "atorado" en esa fase de enojo o de resentimiento pero no me deprimí, seguí trabajando y seguí amando, si se quiere ver de esa manera. Claro, en sentido freudiano ortodoxo me quedé atorado en la pérdida porque no la "trabajé" ni "resolví"; quizás yo necesitaba —algunos dirán que sigo necesitando— 15 años de terapia psicoanalítica por lo menos, a lo Woody Allen.

SERGIO Le pregunto esto porque la conversación pasada hablábamos de los tipos de apego, y supongo que se vive la pérdida dependiendo del tipo de apego que se tuvo en la infancia más temprana.

MARIO Así es. No creo pertenecer al equipo de los que han tenido un modelo de apego evitativo, que es el que ya tiene o ha experimentado una pérdida muy temprana, sino, más bien, a un tipo inseguro. La gente que transita por ese tipo de apego elabora las pérdidas de manera muy intensa, el dolor es brutal, pero sale de él rápidamente; la cosa es que tiene un mal manejo emocional: no se regodea en el sentimiento de pérdida, al estilo del evitativo, y sale de él lo más rápido posible sin darse tiempo y oportunidad de darse cuenta, cabal y claramente, de lo que le está pasando. Esto es, no sabe leer bien, con detenimiento y reflexivamente, sus sentimientos y, en consecuencia, no sabe bien lo que le dicen de él mismo, de su forma de procesamiento emocional de la pérdida en sí misma.

SERGIO Pero eso no está bien, necesariamente.

MARIO No, claro que no está bien.

SERGIO Pero ¿por qué tiene un mal manejo emocional?

MARIO Digamos que es complejo este asunto, pero ahí te va: la gente que tiene un modelo de apego inseguro tiene en el fondo un núcleo de vulnerabilidad, esto es, no está muy segura de qué tan capaz es de ser amada, de qué tan valiosa es para los demás y, en consecuencia, para sí misma.

El evitativo está seguro de que no lo es, "sabe" que es una especie de cucaracha despreciable o de ser defectuoso al que es imposible amar. Pero el inseguro, como lo dice su nombre, no está tan seguro. Así, todo lo que lo haga sentir mal incrementa su sentimiento de vulnerabilidad y, entonces, trata de salir de ahí lo más rápido posible: "me deja alguien y me siento fatal por razones normales y al darme cuenta de que me está doliendo tanto me digo: "¡chispas!, a lo mejor soy menos amable de lo que pensaba que era." Y se activa de inmediato: la gente que tiene un patrón o modelo de apego inseguro es un hombre o una mujer de acción, es inquieto, se mueve, trabaja, hace algo, no se queda en un rincón, como pudiera ser el evitativo, que está con el dolor clavado en el alma, sino que se mueve, digamos que huye de ese dolor, trabaja y eventualmente conoce a alguien más y se acabó el duelo.

En contraste, a la gente que tiene un apego seguro le duele la pérdida, se siente mal, pero esto no atenta contra su concepto de sí mismo; acepta su dolor, lo vive y camina hacia adelante poco a poco, no le urge salir de ahí, como al inseguro, ni revolcarse en su dolor y convencimiento de que es una cucaracha, como al evitativo.

SERGIO ¿Por qué no le urge?

MARIO Porque el seguro, balanceado, puede con eso, ya que no tiene dudas acerca de sí mismo, siente y sabe que es alguien valioso, que es amable.

Vamos a suponer, Sergio, que a estas alturas y después de un montón de años seamos gente más segura y nos ocurre una pérdida, te mandan a volar a ti o me mandan a volar a mí. Me va doler muchísimo y probablemente lo sufra y lo padezca, pero no voy a tratar de huir, no voy a irme a ligar a alguien más ni voy a salir disparado al Polo Norte para olvidarme del dolor. Lo voy a vivir un poquito más porque sé que lo puedo superar, porque sé que si lloro y me siento mal no hay problema. Porque sé que soy valioso y querible y que la persona que me ha dejado no es, no puede ser, la que determine si es que lo soy o no.

SERGIO Sin el regodeo del evitativo y sin la huida del inseguro.

MARIO La gente que está balanceada, que tiene un apego seguro, está balanceada entre los datos emocionales y los intelectuales y les da el mismo peso; eso significa balance, el hombre o mujer seguro se dice: "me está doliendo, pues sí, claro me tiene que doler, es un dolor intenso y obvio porque quería mucho a esta persona", y "¿cómo le voy a hacer ahora?: ah, pues me retiro un poquito, no hablo mucho de ella o de él". Se organiza una estrategia, está balanceado.

Fíjate que el inseguro a lo que más caso le hace es a los datos emocionales, sensoriales, por ejemplo al dolor. Pero el problema es que ese dolor lo vive como fragilidad, como vulnerabilidad, como debilidad; entonces trata de salir de ahí a la brevedad, tan rápido que no lee bien su dolor, trata de salir de ahí a través de la acción. El evitativo evita la expresión de dolor: se mete de lleno ahí y trata de salir de forma racional. ¿Qué le pasa a continuación?, que no puede, ya que no se trata de salir intelectualmente sino sentimentalmente: ver las emociones, el dolor, aceptarlo. Pero para el evitativo el dolor mismo es la evidencia total de que es una cucaracha: "nadie me va a amar" y entonces es eso lo que le hace sentir más dolor y rabia. El inseguro lo que se dice es: "no quiero sentir esto y me movilizo; voy a tener otra novia o me voy a explorar el África de inmediato".

En su momento, como yo lo viví con Ida, hubo más de esta cosa de hacer algo, moverme, conocer gente, no vivir el dolor porque es evidencia de que soy frágil y entonces menos amable todavía. No, "lo que necesito es una chica que me haga sentir que soy amable y así lo resuelvo". No resolví nada, por supuesto. Nada en el sentido de no aprovechar el dolor para conocerme, aprovechar que el dolor me deja abierto en canal para mí mismo y para mi psicoterapeuta, si es el caso, de manera tal que puedo "ver" con más nitidez mi mapa afectivo.

SERGIO No recuerdo dónde lo leí propiamente; era alguien que despreciaba abiertamente el psicoanálisis. Decía que si uno le comunica al psicoanalista: "me siento curado", el psicoanalista siempre podía argumentar algo como: "es porque estás evitando algo". Y eso me parece verdaderamente repulsivo.

MARIO Lo es. Absolutamente repulsivo y tramposo. Hay un concepto en psicoanálisis que se llama "fuga a la salud" y que quiere decir que llevas dos o tres sesiones y le dices al psicoanalista: "me siento bien, mejor, es usted un genio", y él o ella te contestan: "lo que te pasa es que estás fugándote hacia la salud, estás sintiéndose bien para no afrontar lo que tienes que afrontar y lo que tienes que afrontar es un duelo no elaborado, necesitas mil años más de psicoanálisis"…, y sácalo de ahí.

SERGIO Entonces lo que queremos evitar en el libro es que la gente caiga en estos errores, en todos estos clichés de trabajar el duelo, en esta trampa de que si uno no está sufriendo muchísimo está peor que el que sí sufre.

MARIO También la religión católica tiene mucho que ver en todo esto.

SERGIO Supongo.

MARIO Claro, hay que sufrir, si no sufres no eres un buen cristiano.

SERGIO No sufrir está muy mal visto. Uno de los grandes directores teatrales del siglo xx y lo que va del xxi, Peter Brook, tiene un libro que se llama *The Shifting Point* [*El punto cambiante*], en el cual asegura que ninguna filosofía y ninguna idea es absolutamente cierta, por lo menos no es cierta para siempre, ya que nuestro punto de vista de muchas cosas va cambiando. Brook dice que cuando uno cree en algo debe aferrarse a ello y luego dejarlo ir suavemente. Pienso que esto tiene mucho que ver con lo debe ser uno con una pareja. Creo que los grandes crímenes contra la humanidad han ocurrido, en buena medida, por no aceptar que un sistema de ideas está equivocado, por no saber dejar ir suavemente, por una incapacidad de decir: nos equivocamos. Es muy difícil decirlo así y es muy difícil, en ese sentido, aceptar que esa persona a la que uno quiere ya no le funciona. Lo que pasa es que eso que hace que una pareja funcione es invisible, entonces uno voltea y la persona se ve igual —en el mejor de los casos— a cuando uno la amaba, o hasta más guapa, más interesante; también la casa es la misma, pero más bonita, incluso tenemos estos hijos simpatiquísimos, la casa está perfectamente como la soñamos, y, sin embargo, ya no... Cuando mi amigo hablaba de su relación como un cadáver... si hubiera al menos un cadáver, un féretro. Pero el cadáver de una relación no es tangible, y eso da muchísimo miedo.

MARIO Ahora que lo mencionas, hay una necesidad que tenemos los seres humanos de cierta estabilidad, de hecho es una necesidad fundamental. Esta gran necesidad de poder estar más o menos seguros de lo que va a ocurrir, de que las cosas no cambien. Esto tiene una cola y una profundidad conceptual muy interesante; para empezar la consciencia misma: este fenómeno de darnos cuenta de que nos damos cuenta. No me refiero con ello a esta consciencia inicial de me doy cuenta de lo que está pasando: nos estamos tomando ahora mismo este cafecito y le doy un trago y pienso: "está bueno el cafecito", ésa es una consciencia de, digamos, primer paso. La consciencia de la que estoy hablando es aquella que me hace darme cuenta de que me doy cuenta de que el cafecito está bueno; ésa es la metaconciencia. Ésa es exclusivamente humana. Los animales también tienen consciencia pero no metaconciencia. Esa primera consciencia de los animales, llamémosles superiores (de los mamíferos para acá, los inferiores serían las aves y los reptiles y todos los que sigan para abajo) es resultado de nuestra movilidad, es la consciencia resultante de enfrentarnos a un mundo cambiante. Las plantas no se mueven, el universo que confrontan es relativamente estable o bastante estable: están fijas, experimentan el solecito, el agüita que cae del cielo, los ciclos, noche-día, no "necesitan" darse cuenta.

Mientras que aquellos que tenemos movilidad nos enfrentamos a escenarios diferentes, a un mundo cambiante que nunca es exactamente el mismo, y necesitamos tener memoria de lo que hemos vivido para compararlo con lo que estamos viviendo, necesitamos tener capacidad de abstracción, de generalización, y un montón de cosas, y, sin embargo, necesitamos también tener una estabilidad, y esa estabilidad nos la da cierto ambiente, cierta ciudad, cierta ideología, ciertos valores, cierto conservadurismo, conservar los mismos valores porque lo otro, el cambio constante, es muy arriesgado, muy angustiante, hasta cierto punto caótico.

99 Last night I was out driving
Coming home at the end of the working day
I was riding alone through the drizzling rain
On a deserted stretch of a county two-lane
When I came upon a wreck on the highway
[...]
Sometimes I sit up in the darkness
And I watch my baby as she sleeps
Then I climb in bed and I hold her tight
I just lay there awake in the middle of the night
Thinking 'bout the wreck on the highway

—BRUCE SPRINGSTEEN, "Wreck On The Highway"

SERGIO Vamos, yo necesito saber que la tiendita de la esquina está en la esquina y abajo vive el vecino. A eso se refiere.

MARIO A eso me refiero: que si los saludo o si les sonrío, me sonríen, y si prendo mi coche, camina.

SERGIO Y cuando regrese a mi casa, va a estar ahí.

MARIO Me levanto a las seis de la mañana, me dirijo a la cocina y prendo en automático la cafetera, hago mi cafecito, le doy dos tragos, me meto a bañar y hago todas las cosas que tengo que hacer, todo eso es una rutina, salgo, enciendo el automóvil, y en la esquina hay un semáforo y hasta ahí lo hago todo en automático sin esta metaconciencia, sigo en automático y de repente ocurre algo que no estaba ahí: un choque en la esquina, que es algo que no "debe" estar, y es entonces cuando tomo consciencia, metaconciencia.

Los seres humanos regularmente no pensamos, entendiendo pensar como reflexionar sobre nuestras emociones, ideas y acciones y sus consecuencias; sólo pensamos cuando algo no nos sale bien y es entonces que tenemos que reflexionar lo que estamos haciendo y eso es pensar, eso es metaconciencia. Pensamos cuando las cosas ya no están o están otras en su lugar. Es como tener un accidente, en la esquina chocas con algo y en ese momento ¡pum! como que todo se condensa y comienzas a reflexionar y tal; pero si no pasa nada llegas a tu oficina y haces tus cosas habituales y sigues sin pensar, sin reflexionar sobre lo que estás haciendo y sobre las consecuencia de ello.

Suena exagerado decir que no pensamos, pero es para ejemplificar esta metaconciencia que es estar consciente de que se es consciente. Necesitamos una estabilidad, necesitamos aferrarnos a ciertas cosas, a ciertos valores mientras más adultos somos. Los niños viven en un mundo maravilloso porque todas las cosas son nuevas y van desarrollando su consciencia y su pensamiento, viven fascinados porque todo es nuevo y todo lo tienen que integrar. Ya como adulto tienes, tenemos, rutinas, ideológicamente necesitas esto y esto y todo está tranquilo, predecible y seguro, tienes una mujer que te quiere y a la que amas… y aquí está el problema.

Los budistas tienen razón: hay una cosa que se llama impermanencia. Nada es para siempre, las cosas cambian lo quieras o no. Los budistas sostienen —al menos si es que los he entendido bien— que el sufrimiento viene del aferrarse, el sufrimiento viene del deseo de permanencia y sufres, precisamente, porque nada es permanente.

SERGIO Bob Dylan dice que la gente de Nueva Escocia sabe, cuando hace mucho frío, que ese frío no va durar para siempre. Y cuando hace calor, éste tampoco va durar para siempre. Dylan dice que esa consciencia les da una sabiduría particular.

MARIO De la impermanencia o del cambio.

SERGIO Por lo menos a nivel climático, lo cual debe de traducirse a otros ámbitos. Por eso son muy buenos para andar en la vagancia.

MARIO Pues sí, mas diseñados para eso.

SERGIO De cualquier manera uno necesita cosas a las que aferrarse, pero la consciencia de la impermanencia debería ser una de nuestras metas.

MARIO Sí. Mira, ¿qué pasa cuando tú encuentras una persona que quieres o que te llena la pupila? Te encanta, y lo que todo el mundo desea es que ese sentimiento no cambie, que te metas ahí permanentemente, y eso no puede ser porque el sentimiento va cambiar… y ahí empieza el sufrimiento.

SERGIO ¿La impermanencia es el motivo del sufrimiento o la falta de consciencia de la misma?

MARIO La falta de consciencia de la misma. En Occidente, no lo sé en Oriente, pero siempre me lo he preguntado, ya que muchos amigos que han ido a la India o al Tíbet dicen más o menos lo mismo: "Qué impresionante, la gente vive en unas condiciones de miseria extraordinarias con una insalubridad increíble, viven en la calle, la gente muere en la calle y, sin embargo, sonríen todo el tiempo". Bueno, espero que no sea la sonrisa idiota de la desnutrición, pero los indios tienen ese rollo de la reencarnación y de la impermanencia muy metido en la cabeza desde hace 5000 años o más. Aquí voy a hacer una analogía un poquito forzada: nosotros tenemos metida en la cabeza, de la misma forma, la idea de que hay que "trabajar" el duelo. Yo creo que la gente de la India o el Tíbet vive la impermanencia sin problemas. Nosotros, en cambio, tenemos grandes problemas con el simple concepto, ya no digamos con vivirla de verdad.

SERGIO Yo viví en san José de Gracia, Michoacán, cuando era niño, y me tocó presenciar todo tipo de muertes, niños por atropellamiento o por hacer travesuras o por algún motivo de salud. Jóvenes en la borrachera, trepados en las redilas de camionetas por la carretera. La gente moría constantemente, hasta en duelos a balazos. Y las que sobrevivían eran las mujeres, mujeres que perdían seis o siete hijos. Lo que siempre me ha llamado la atención es el hecho de que en las clases populares, y sobre todo en las clases bajas rurales parece haber una aceptación de la muerte que siempre me ha parecido increíble; recuerdo, de niño, a una mujer muy vieja, muy pobre, con el cadáver de su hijo a un lado en la carretera y todo el pueblo ahí de morboso. En la cara de esa mujer había tristeza, pero también una extraña aceptación. Recuerdo esa actitud en las mujeres; en los hombres no. Pero ya habíamos hablado de esto, de que las mujeres manejan la pérdida mejor que los hombres. Muchas veces me decía usted que a un señor que se le muere la esposa, usualmente se muere pronto, pero hay viudas que están años así y están bien. Yo siento que esto de aceptar la impermanencia sí está por lo menos en ese México retratado en los libros de Juan Rulfo...

MARIO México tiene una cultura muy interesante relacionada con la muerte, la muerte es algo presente, permanente. Existe lo obvio, como el día de los muertos y toda esta cosa ancestral indígena, el inframundo o el reino de la muerte era o es algo vivo, presente, continuo, los rituales, el muerto vive dentro de la mente de la gente y, vamos, se habla en la clase rural, indígena, de que se le da de comer al muerto, se le pone ofrenda. Las mujeres, que es otro tema, con esa mayor capacidad de socialización y su diferente "diseño" fisiológico son las encargadas de lidiar con la muerte de manera directa: amortajar, lavar, cambiar al muerto, ocuparse del sepelio, del llanto, las plañideras. Las mujeres tienen muchísimo contacto con esta parte, la muerte, las pérdidas, en ellas mismas: si me pongo muy simbólico las mujeres tienen ciclos, cada 28 días "pierden" la posibilidad de un embarazo; la menstruación no es otra cosa más que las lágrimas de sangre de un útero engañado; todo está preparado para la fecundación y si no ocurre se descama el endometrio uterino y eso es la menstruación, hay pérdidas cada 28 días por lo menos durante 30 años y no sé si ello tenga alguna relación con el manejo más fluido de las pérdidas que viven las mujeres pero sí, creo que en general las digieren mejor que los varones.

En muchos pueblos, los llamados pueblos primitivos de África y Asia hay unos rituales increíbles de la muerte, donde el muerto habla y cuando fallece hay una representación física del cuerpo, el cadáver en sí está en la casa de los deudos y una va frente al muerto, se despide de él y le habla y lo escucha, y todo esto es culturalmente aceptado. ¿Cómo lo vive una gente así? Tú lo experimentaste en san José de Gracia, yo en Ario de Rosales, en el mismo estado de Michoacán. Recuerdo bien haber estado hecho polvo emocionalmente, triste e intensamente culpable, porque un bebito se murió de una gastroenteritis, se me murió siendo médico de ahí y lo que más me preocupaba era: "¿Qué le voy a decir a sus papás?". La verdad fue que ellos me consolaron, me dijeron: "No se preocupe, doctor, Dios nos lo dio, Dios nos lo quitó".

Tardé años en entender esa brutal resignación y lo hice por medio de un libro muy interesante que se llama *Historia de la infancia*, de Philippe Ariès, historiador francés, el cual explica que los niños en el Medievo y en el Renacimiento eran vistos como seres que se iban a morir pronto y por eso no valía la pena apegarse a ellos. Claro, la mortandad infantil era altísima, los niños se morían como moscas, se podía tener una relación de afecto con el niño cuando tenía 9 o 10 años, cuando ya había brincado la infancia temprana, pero un niño de dos o tres o cuatro años iba a morir con muchísima facilidad, entonces ¿para qué me apego a él? Si extrapolamos esto a una familia rural que tienen 14 hijos, de los cuales se murió la mitad —se siguen muriendo todavía, entre los tarahumaras o los lacandones en nuestro país— se entiende que no hay un apego intenso hacia ellos: "voy a sufrir si el chiquito al que estoy muy apegado se muere". Por lo tanto hay desapego y una aceptación pero, vamos, lo que decía Philippe Ariès es que los niños como tales, como niños con una personalidad propia, no existieron sino más o menos a partir de los años cincuenta del siglo xx, porque antes morían como moscas y eran proyectos de adultos o adultos chiquitos; no había zapatos ni ropa para niños. Hay una consciencia en los llamados pueblos primitivos, vamos a llamarla consciencia de la naturaleza, de los ciclos de la naturaleza y de la muerte, así no son tan aferrados a las personas. Los que hacemos un desmadre gigantesco de la pérdida amorosa y de la otra, por muerte, somos nosotros los occidentales, *agringados* o *alemanizados* o *afrancesados*.

SERGIO Un estudio muy serio de la agencia Gallup afirma que el país más feliz del mundo es Nigeria, mientras que el más triste es Francia. Nigeria es un país muy pobre donde todo el mundo está sonriente. En París, en cambio, todos tienen cara de que se los está llevando la chingada. En París se come bien, es una ciudad funcional, bella y sensual, pero todos están encabronados. Quizá se deba a que tienen bloqueado el sentido de impermanencia.

MARIO Éste es un buen punto. Si uno entra en una relación amorosa con una consciencia y metaconsciencia claras, no atormentadas, de que las cosas van a cambiar y que, finalmente, uno sabe que va a cambiar esa relación porque todo cambia, la posibilidad de sufrimiento, como lo experimentamos habitualmente, creo que disminuiría en buena medida.

99 He not busy being born is busy dying

—Bob Dylan, "It's Alright, Ma
(I'm Only Bleeding)"

99 Finges que ésta no es tu vida. Crees que va a ocurrir en otro momento. Cuando estés muerto te darás cuenta de que estabas vivo ahora.

—Caryl Churchill

99 This is your time here to do what you will do.
Your life is now, your life is now, your life is now.

—John Mellencamp

Sergio Hace unos años, un dramaturgo londinense llamado Simon Stephens vino a México a darnos
clases a algunos dramaturgos mexicanos. Un día
nos dijo que la responsabilidad última de un dramaturgo es recordarle al espectador que se va a
morir, que la vida se acaba y que hay que estar
vivo cuando llegue la muerte, parafraseando a
Winnicott.

Mario Porque eso le da sentido a la vida.

Sergio Exactamente, porque eso le da sentido a la vida.
Usted, espectador, va morir. Qué va hacer mientras tanto. Y sí, todas las grandes obras de arte co-
inciden en eso. Hasta los autores más pesimistas,
en apariencia. Hay una frase de Samuel Beckett,
uno de los grandes escritores del siglo xx, que

dice: "No puedo seguir, seguiré". Por supuesto, no estoy hablando de que "la vida merece ser vivida" en un tono *optimistoide*.

MARIO "Vale la pena vivir", decía un obispo, Fulton J. Sheen, en unas transmisiones de la NBC por radio, con ese optimismo cristiano gringo, chafa, mamón, el mismo optimismo repugnantemente meloso de Roberto Benigni en *La vida es bella*.

SERGIO Exacto. Yo más bien me refiero a Woody Allen con la escopeta en la cabeza en *Hanna y sus hermanas*. Está a punto de pegarse un tiro y la escopeta se le resbala a causa del sudor en su frente. El arma se dispara y rompe un espejo. Él sale de ahí, y luego de caminar 100 cuadras sin rumbo fijo, entra a un cine en donde están pasando *Sopa de ganso*, una película de los hermanos Marx que lo hacía muy feliz en la infancia, y de pronto piensa: "Quizá no todo está tan mal, y vamos a suponer que después de esta vida no hay nada. ¿No quieres formar parte de la experiencia?". Mientras tanto, los hermanos Marx hacen una de sus delirantes, hilarantes coreografías en la pantalla. A eso me refiero.

MARIO Ahorita mismo recordé al maestro Cioran, que ha sido llamado el filósofo del pesimismo y, bueno, los títulos de sus libros son horrendos: *De la desgracia de haber nacido* y *Breviario de podredumbre*, por ejemplo, pero tenía conceptos muy interesantes; en una entrevista afirma que se le ha malentendido, que él no es un filosofo sino un humorista, un comediante, y que la idea del suicidio siempre le ayudó a vivir porque estaba consciente de que en cualquier momento podría bajarse del tren, decir "hasta aquí llegué". Ver al suicidio como una salida siempre posible y decirse: "bueno, las cosas no están tan mal como para pegarme un tiro".

SERGIO El prólogo de *El hombre en busca de sentido* cuenta que el doctor Viktor Frankl, luego de oír los problemas de sus pacientes, les preguntaba: "Bueno, ¿y por qué no se suicida?". Entonces, de golpe los sacaba del ensimismamiento, lo cual me parece interesante. No sé si Cioran se ofendería de ser comparado con Frankl, pero lo que hacía este último para romper el hielo parece todo un acierto.

MARIO Tú decías: "la función del arte es recordarle a la gente su mortalidad, o ésa es la última responsabilidad del artista". Estos grandes artistas de los que estabas hablando, Beckett y compañía, lo saben o lo intuyen.

SERGIO Yo supongo que lo intuyen de alguna manera, es decir, la vida y la muerte están conectadas: de manera que ante el gozo vital de contemplar una gran obra de arte uno puede recordar que la vida es corta. Pero debe ser una intuición a la que se llega habitualmente.

MARIO Lo que es interesante es este terror a la calaca, a la muerte, al no ser más. Muy entendible, por supuesto, como mera biología que somos, que el máximo terror sea dejar de existir. Todo en nosotros se rebela ante esto, ante la vejez también, porque en la vejez la continuidad lógica, lo que sigue, es la muerte. Un cuerpo viejo va perdiendo funciones y todo es pérdida; la vida es un proceso de demolición permanente. La gente vieja sabe que lo lógico es eso y los viejos alivianados y sanitos que conozco lo asumen y ven la muerte como una liberación. Los que no, los que tienen filosofía de taxidermista y que nunca quieren morir, la pasan mal.

SERGIO ¿Y la muerte, la pérdida de una pareja por muerte y otra por ruptura, se parecen o no se parecen?

MARIO Sería bueno explicitar que a lo que nos estamos refiriendo es a la pérdida por muerte dentro de una pareja que ha tenido una vida satisfactoria, tangencialmente tocaremos la pérdida en parejas en las que esta vida no ha sido satisfactoria. Creo que afrontar el fenómeno de la muerte cuando la pareja ha sido conflictiva va ser necesariamente complejo y tortuoso, mientras que una pareja que en verdad lo ha sido tiene la posibilidad de transitar de otra manera: con un dolor muy concreto e intenso, pero no todo ese enredo de: "te odié todos estos años y qué bueno que te estás muriendo viejo cabrón, o pinche vieja, jódete", o "ahora te las cobro todas", y de cosas terribles que llegan a ocurrir en parejas mal avenidas. Primeramente hablaríamos de muerte en la pareja que lo es de verdad, o de la pérdida por ruptura de la gente que se quiso, y después de la gente que se está odiando durante 10 años y después toma la sana decisión de romper, tenemos que analizar también eso porque cuando digo sana decisión es porque afronta inteligente, sensatamente, que debe terminar.

SERGIO ¿Por qué quiso empezar por la parte del amor?

MARIO Por el amor adolescente, porque es el modelo dentro de la corriente psicoterapéutica a la que yo me adscribo y que tiene todo que ver con el pensamiento de Vittorio Guidano, el postracionalismo sistémico. Para Guidano es muy relevante conocer el estilo afectivo, que quiere decir: cómo es que me vinculo afectivamente en un amor con un componente erótico fundamental. **Es muy importante saber cómo se gestó la relación, cómo la man-**

tuve, cómo la terminé y qué me pasó después de que terminó, porque esto implica cómo me relaciono, cómo es mi estilo afectivo de relación.

Hablo de la primera relación importante, cuando uno tiene a la primera novia, que no necesariamente es el primer amor fuerte. Relación que yo sitúo personalmente en lo que te contaba de la señorita Ida; ése fue el primer encuentro amoroso, pero no mi primer amor "fuerte" como tal, éste fue más bien con esta chica Magui, porque entonces yo ya era un adolescente un poco menos adolescente, de 18 o 19 años.

99 Crimson flames tied through my ears
Rollin' high and mighty traps
Pounced with fire on flaming roads
Using ideas as my maps
"We'll meet on edges, soon," said I
Proud 'neath heated brow
Ah, but I was so much older then
I'm younger than that now

—BOB DYLAN, "My Back Pages"

SERGIO Pero Ida le da esta especie de mapa para...

MARIO De mapa, claro, de ubicación en relación con cómo se puede dar esto de la ruptura. Desde esta perspectiva es central conocer el "debut afectivo", saberlo cuando está uno viendo a un paciente individual, y más aún cuando uno está viendo a una pareja: importa mucho conocer el estilo afectivo de los dos ya que tiene todo que ver, está en la base de lo que está ocurriendo entre ellos.

SERGIO Es decir, para quien nos está leyendo es importante que recuerde su relación afectiva adolescente y cómo fue, aunque en este momento le parezca una cosa sin importancia.

MARIO El primer enamoramiento fuerte, que la mayoría de las veces tiene un componente erótico afortunadamente —no tan afortunadamente cuando hay embarazo—, pero incluso si el embarazo ocurre, todo ello es parte de la bronca de las terminaciones y separaciones. Todo ello es central, y para entenderlo y tenerlo claro no necesita uno meterse en toda la anécdota, lo que interesa es la forma como se relacionó y cómo terminó cuando finalizó, porque te da una pauta que, como tal, se va a repetir.

SERGIO A mí me pasó que me enamoré de una chica que fue muy linda conmigo cuando la conocí y después me di cuenta de que ese era su estilo, hacer sentir bien a todo mundo, me hizo sentir especial y luego supe que todos eran especiales, o sea, todos eran ordinarios. Estaba enamorado de ella y me tomó un año poder andar con ella; ella no quería pero yo era muy necio. Sin embargo, una vez que escalé la montaña, una vez que llegué, el gusto me duró poco y me fui. Un gran esfuerzo pero al ratito se me quitó el gusto, es decir, la conquista fue lo importante, además de que me daba gusto verla sufrir, porque yo había sufrido con sus desdenes durante un año y cacho, pero ¿eso qué dice de mí?

MARIO Quisiera que abundaras un poquitín, ¿hubo una terminación propiamente o un alejamiento o la mandaste a volar? ¿Tú fuiste el que terminaste?

SERGIO Sí.

MARIO Y ésa ha sido una constante.

Sergio Yo he terminado mis relaciones un 100% de las veces.

Mario A mí me han terminado un 100% de las veces. Claro que he hecho todo para que me terminen, pero la verdad nunca me animé a hacerlo yo.

Sergio Yo siempre, siempre.

Mario Curioso, tendríamos que pensar y hablar de lo que estuvo pasando ahí.

Para saber más...

Donald Winnicott (1896–1971) Célebre pediatra, psiquiatra y psicoanalista inglés. Líder del Grupo Británico Independiente (Psicoanalítico). Es ampliamente conocido por sus ideas acerca del verdadero y falso *self* y los objetos y transicionales. Escribió varios libros, entre ellos: *Playing and Reality*, y más de 200 artículos científicos.

Marco Antonio Campos Psicólogo, psicoterapeuta y *coach* chileno de orientación constructivista y postracionalista, director de la **Fundación Vínculos** (www.fundacionvinculos.cl/sitio) cuya Misión es: "Promover, apoyar y desarrollar iniciativas y proyectos orientados al cuidado de la salud mental, la mitigación de los factores de riesgo, la promoción de habilidades para la vida sana y la formulación de políticas de prevención en diferentes ámbitos existenciales, especialmente, la familia, el trabajo, la educación y la ocupación del tiempo libre".

Sigmund Freud (1856-1939) Médico neurólogo austriaco, padre del psicoanálisis y una de las mayores figuras intelectuales del siglo xx.

Su interés científico inicial como investigador se centró en el campo de la neurología, derivando progresivamente sus investigaciones hacia la vertiente psicológica de las afecciones mentales, de la que daría cuenta en su práctica privada. Estudió en París con el neurólogo francés Jean-Martin Charcot las aplicaciones de la hipnosis en el tratamiento de la histeria. De vuelta en Viena y en colaboración con Joseph Breuer desarrolló el método catártico. Paulatinamente remplazó tanto la sugestión hipnótica como el método catártico por la asociación libre y la interpretación de los sueños. De igual modo, la búsqueda inicial centrada en la rememoración de los traumas psicógenos como productores de síntomas fue abriendo paso al desarrollo de una teoría etiológica de las neurosis más diferenciada. Todo esto se convirtió en el punto de partida del psicoanálisis, al que se dedicó ininterrumpidamente el resto de su vida.

Helene Deutsch (1884-1982) Psicoanalista austriaca y estadounidense. La historia del psicoanálisis destaca a Helene Deutsch como la primera investigadora que se especializó en la psicología de la mujer y en el estudio de la sexualidad femenina.

Eric Lindeman (1900-1974) Fue un escritor estadounidense y psiquiatra, especializado en el duelo. Trabajó en el Hospital General de Massachusetts en Boston como jefe de Psiquiatría y es conocido por su extenso estudio sobre los efectos de eventos traumáticos en los sobrevivientes y familiares después del incendio de Cocoanut Grove Night Club en 1942.

Elizabeth Kübler-Ross (1926-2004) Fue una psiquiatra suiza-estadounidense, una de las mayores expertas mundiales en la muerte, personas moribundas y los cuidados paliativos.

George Bonnano Es un profesor de psicología clínica en la Universidad de Columbia, Colegio de Profesores. Es conocido como un investigador pionero en el campo de duelo y el trauma. El *New York Times,* el 15 de febrero de 2011, declaró que la actual ciencia del duelo ha sido "impulsada principalmente por Bonanno". La revista *Scientific American* resumió una conclusión principal de su obra: "La capacidad de 'rebotar' (resiliencia) sigue siendo la norma durante la vida adulta".

Resiliencia En psicología se refiere a la tendencia adaptativa de un individuo para hacer frente al estrés y la adversidad. Este afrontamiento provoca en el individuo "rebotar" (o recobrar la forma) a un estado de funcionamiento normal o anterior al evento estresante o adverso, o bien hacer uso de la experiencia de exposición a la adversidad para producir un "efecto acero" y funcionar mejor de lo esperado, de manera parecida a cuando una inoculación da a uno la capacidad de hacer frente de manera adecuada a la exposición futura a la enfermedad. La resiliencia es más comúnmente entendida como un proceso y no un rasgo de un individuo.

Woody Allen (1935) Allan Stewart Königsberg, conocido como Woody Allen, es director, guionista, actor, músico y escritor estadounidense ganador del Premio Oscar en cuatro ocasiones. Es uno de los directores más respetados, influyentes y prolíficos de la era moderna, rodando una película al año desde 1969. Allen dirigió, escribió y protagonizó *Annie Hall,* filme considerado por muchos como una de las mejores comedias de la historia del cine y la cual recibió el Premio Oscar a la mejor película en 1977. Sus grandes influencias cinematográficas oscilan entre directores europeos como Ingmar Bergman y Federico Fellini hasta comediantes como Groucho Marx y Bob Hope.

Peter Brook (1925) Reconocido director de teatro, películas y ópera. Es uno de los directores más deslumbrantes e influyentes del teatro contemporáneo.

Impermanencia Pensamos que la impermanencia quiere decir algo que existe hoy y que un día dejará de existir. Pero, cuando hablamos de impermanencia, no es eso a lo que nos estamos refiriendo. La mente es impermanente, por ejemplo, pero siempre va a existir en continua transformación. Impermanencia en tibetano se dice *mitakpa:* aquello que se transforma de momento en momento. Por lo tanto, impermanencia, quiere decir continua transformación, y no simplemente algo que deja de existir. (www.tuaporte.com/forosmf/a-2)espiritualidad/sobre-la-impermanencia/).

Juan Rulfo (1917-1986) Escritor, guionista y fotógrafo mexicano. Juan Rulfo fue uno de los grandes escritores latinoamericanos del siglo xx, que pertenecieron al movimiento literario denominado realismo mágico, y en sus obras se presenta una combinación de realidad y fantasía, cuya acción se desarrolla en escenarios mexicanos, y sus personajes representan y reflejan el tipismo del lugar, con sus grandes problemáticas socio-culturales entretejidas con el mundo fantástico.

La reputación de Rulfo se asienta en dos pequeños libros: *El llano en llamas,* compuesto por 17 pequeños relatos y publicado en 1953, y la novela *Pedro Páramo*, publicada en 1955. Se trata de uno de los escritores de mayor prestigio del siglo xx, pese a ser poco prolífico.

Philippe Ariès (1914-1984) Historiador francés totalmente atípico ("de domingo", como el mismo se califica): se apasiona primero por la demografía histórica (área científica o de conocimiento adscrita tanto a la demografía como a la historia que procura reconstruir la estructura poblacional de una sociedad histórica determinada, y analizar y explicar los cambios que se producen en esa estructura a través del tiempo), disciplina en el seno de la cual puede aprovechar sus métodos innovadores de tratamiento, antes de consagrarse a la historia de las mentalidades, donde llega a ser una de sus figuras emblemáticas. Contribuye igualmente, de manera innegable, a consagrar el uso de la iconografía en la historia.

Samuel Beckett (1906-1989) Dramaturgo, novelista, crítico y poeta irlandés, uno de los más importantes representantes del experimentalismo literario del siglo xx, dentro del modernismo anglosajón. Fue igualmente figura clave del llamado teatro del absurdo y, como tal, uno de los escritores más influyentes de su tiempo. Escribió sus libros en inglés y francés, y fue asistente y discípulo del novelista James Joyce. Su obra más conocida es el drama *Esperando a Godot*.

Emile Cioran (1911-1995) Escritor y filósofo rumano. Cioran no se consideraba un filósofo en el sentido ortodoxo del término, ni siquiera escritor. Provocador a ultranza, este pensador rumano animó durante su vida innumerables controversias contra lo establecido, contra las ideas constituidas en norma o dogmatismo. Fascinado por instaurar un pensamiento a contracorriente, en el cual el cinismo tiene un lugar preponderante, escribió su obra aforística sin concesión alguna. Entre Diógenes de Sinope *el Cínico* y Epicuro de Samos, funda una filosofía en el siglo xx, afín a la de esos filósofos helenísticos, donde la amargura era sublimada por la ironía.

Vittorio Guidano (1944-1999) Psiquiatra y psicoterapeuta italiano. Introductor en Italia de la terapia cognitiva conductual con la que, después de poco tiempo, no se satisface ni en los planos teóricos ni en el método práctico, entonces desarrolla su propio enfoque al que llama postracionalismo, mismo que se inscribe en la corriente del constructivismo en psicología y psicoterapia, y que ha logrado difusión en Italia, Chile, Argentina y México.

Postracionalismo El postracionalismo que plantea la necesidad de ir más allá de la racionalidad no niega el pensamiento lógico y racional. Sin embargo, en los sistemas humanos el conocimiento es mucho más amplio que la cognición: el conocimiento también es emocional, sensorial, perceptual y motor siendo éstas las formas más importantes de conocimiento, ya que nos permiten que constantemente tengamos una ubicación temporal, espacial, y de continuidad de vida sin tener que recurrir cada vez de nuevo al pensamiento racional. Por lo tanto la lógica y el conocimiento abstracto trabajan siempre sobre una estructura de significado que ya está hecho y que es prevalentemente emocional. El significado es todo lo que afecta al *self* o, si se prefiere, al yo.

"

¿Cómo hacer señas a quien se muere,
cuando todos los gestos se han secado,
las distancias se confunden en un caos
    imprevisto,
las proximidades se derrumban como
    pájaros enfermos
y el tallo del dolor
se quiebra como lanzadera
de un telar descompuesto.

— ROBERTO JUARROZ
"No tenemos un lenguaje para los finales"

Tercera conversación

SERGIO Doctor, en la conversación anterior me llamó mucho la atención que usted hablara largo y tendido de su primera relación sentimental adolescente: Ida, como Ida Lupino. Pero yo decía: ¿por qué se está extendiendo tanto en una relación que no parece haber tenido el peso sentimental de otras? Usted mismo dijo que había experimentado la posibilidad de un amor más intenso después. Sin embargo, durante toda esa semana posterior a la conversación que tuvimos estuve preguntándole a la gente sobre su primera novia o novio y su primera reacción era no darle importancia, porque justamente no era su gran amor sino su primer noviecito de secundaria o prepa, pero yo insistía en que me dieran detalles: "¿Cómo lo conociste o por qué, te gustaba él o tú le gustabas a él y por eso anduviste con él?" Resulta que, en efecto, **esa primera relación es un extraño mapa a partir del cual pueden entenderse todas las relaciones posteriores.** Es como sacar una muestra de sangre donde está toda nuestra información genética. Y así resultó ser con todas las personas a las que les pregunté.

MARIO Se cumple.

SERGIO Hablábamos de que yo había terminado con todas las novias que tuve —digo *tuve* porque ahora estoy casado—, terminé con todas las novias y he terminado con todas las relaciones que he tenido, y el que ha terminado siempre he sido yo.

MARIO Y yo a la inversa, a mí siempre me han mandado a volar.

SERGIO Aclaraba que tal vez usted había hecho todo para que esto ocurriera, pero como no queriendo ser el verdugo o…

MARIO Efectivamente, yo tenía o tengo dificultades para ser el *abandonador*, lo cual tiene que ver con este mapa personal que todos tenemos en la cabeza y que resulta de las relaciones que se tienen con los padres y las que uno observa que se dan entre ellos. Un antecedente importante que vale la pena mencionar es que mis señores padres, habiendo nacido a finales de los años veinte del siglo pasado, fueron pioneros en el México de los años cincuenta o sesenta, del *rematrimonio*: se casaron y se divorciaron más o menos siete años después de su casamiento, estuvieron seis años separados y se volvieron a juntar y a vivir en pareja.

SERGIO ¿Ellos mismos?

MARIO Sí, entre ellos, tuvieron un rematrimonio que, en aquel tiempo, era todo un evento.

SERGIO Bueno, hoy por hoy no deja de ser algo rarísimo.

MARIO No tanto, es cada vez más frecuente. No es la norma, pero mis padres eran las únicas personas a las que yo conocía, cercanamente, que les hubiera pasado eso. De aquel entonces y quizás a partir de unos 10 o 15 años después, de 1975 en adelante, y cada vez con mayor frecuencia, he sabido, he conocido y he tratado a gente que se ha rematrimoniado. Se casaron, se divorciaron y se volvieron a casar, o simplemente se volvieron a juntar. Esto ocurrió con mis padres, que deben haber regresado a vivir juntos cuando yo tendría como 13 o 14 años.

SERGIO O sea que le tocó el divorcio de sus padres y el rematrimonio. ¿Cuántos años tenía cuando se divorciaron?

MARIO Seis o siete.

SERGIO ¿Y 13 cuando regresaron?

MARIO Aproximadamente. Lo recuerdo muy bien porque uno o dos años después nació mi hermana, a la que le llevo justo 14 años. Por supuesto que mis padres no se casaron porque se embarazaran de mi hermana, ella fue la linda consecuencia de reconciliarse, de regresar y de establecer una relación muy agradable, una familia más o menos armónica, para volverse a terminar y separarse de manera definitiva aproximadamente 10 años después. Volvieron a reventar, pues.

En las dos ocasiones el *abandonador* fue mi padre. Sé que eso causó todo un traumatismo emocional para mi señora madre en la primera oportunidad. En la segunda no lo sé, no lo creo, entre otras cosas porque yo no estaba en casa, ya tenía 23 o 24 años y no me di cuenta del impacto. Lo que sí sé es que fue algo muy duro para mi hermana, ella tenía 10 años y estaba muy apegada a mi padre. Así las cosas, en el mapa que tengo en la cabeza el *abandonador* es un hijo de la chingada, un egoísta supremo, que lo único que produce es dolor en los demás. Por supuesto que esto no es cierto en todos los casos pero para mí, en mi propia vida, no puedo ser el que rompa y abandone la relación. O quizás el asunto es mucho más sencillo: soy bastante cobarde o comodino, como pudieran serlo una buena cantidad de congéneres y contemporáneos, hombres de mi edad. No conozco hombres de mi generación, excepto uno o dos y que estaban en tratamiento conmigo, que hayan sabido terminar bien y, si terminan, lo hacen de la peor manera; esto es: conocieron a otra mujer, a otro hombre a veces, o terminan... o, más bien, ni siquiera terminan: simplemente no se presentan y no vuelven a dar la cara.

En mi mapa se señala con grandes letras: "el *abandonador* produce un gran, un enorme, dolor". Y creo que ésa es la mala fama que tiene el que termina, aquí prefiero no decir el *abandonador*, porque uno puede terminar *sin* abandonar. Ojo: uno puede acompañar al otro en el proceso de la ruptura, *abandonador* no es precisamente una palabra correcta, el que termina, digamos, el que toma la decisión.

Creo entonces que ésa era parte de mi dificultad para plantear la separación o ruptura: una mezcla de cobardía y este mapa mental. Cuando hablaba de mi relación con esta chica Ida mi recuerdo es clarísimo porque terminó muy bien, muy directa, muy concreta, muy honesta, me consoló y estuvo ahí. Lo hizo bastante bien, pero quizás reforzó eso de no ser el terminador esperando que la que me iba a terminar lo iba a hacer de la misma manera sensata y quirúrgica que Ida. Que fue más o menos similar a lo que me sucedió con mi primer amor más fuertecito, según yo...

Sergio Ida la que se fue, hasta el nombre...

Mario Por ahí hay una frase que dice: "Idas pero no olvidadas", en este caso se cumple: Ida pero de ninguna manera olvidada. ¿En tu caso es diferente?

SERGIO Totalmente diferente, y bueno, tiene lógica con mi historia personal, por supuesto, y creo que esa primera novia que tuve era muy linda con todo el mundo, era tan linda que yo pensé que me estaba coqueteando y luego me enteré que así se manejaba ella, pero yo ya estaba enamorado, y tenía una serie de timideces y de dificultades para acercarme a una mujer, para cortejarla, pero por fin logré ser su novio después de insistir, insistir, insistir, pero anduvo conmigo más por necio que porque yo le gustara. Y cuando por fin logré que se enamorara de mí, me aburrí, me decepcioné casi de inmediato, luego de nueve meses con ella.

MARIO Bueno, fue un buen tiempo para un primer noviazgo adolescente.

SERGIO Puede ser, pero yo lo recuerdo como algo muy rápido. Lo logré, logré andar con ella y después me decepcioné mucho y me fui, el que se fue fui yo.

MARIO ¿Abruptamente o...?

SERGIO Pues sí, de algún modo sí, como si hubiera soportado un rato de tedio y un rato de hartazgo y de repente de un momento a otro le dije: "ahí nos vemos", por lo menos a ella le pareció muy abrupto y creo que a ellas en general les ha parecido muy abrupto, de repente les digo: "ahí nos vemos" y no lo creen; les parece la nada. En mi opinión hay signos muy claros, pero ellas no los ven. Así ha sido en general. No sé, tiene que ver con mi infancia. Cuando era niño, mi mamá me mandó a vivir a Michoacán y yo esperaba que cuando regresara por mí, cuando terminara la primaria, yo iba a regresar a un hogar idílico que perdí de pequeño y nunca regresé. Regresé al DF, pero a otra colonia, lejos de mis amigos, y con mi mamá vuelta a casar con un señor al que ahora considero mi padre, pero a mis 10 años era un extraño. Fue una decepción muy grande, era como estar esperando a que ella volviera y cuando regresó dije: "esto no era", y me llevé una decepción grande. Entonces tienden a decepcionarme las mujeres, creo. Por ahí es más o menos la mecánica.

MARIO Si te estoy entendiendo bien, es como terminar por decepción o desilusión.

SERGIO Sí, primero viene una idealización grandísima, una especie de conquista en el sentido más amplio de la palabra, y luego una desilusión. No eras la princesa que yo pensaba o una cosa así.

MARIO No me vas a proporcionar ese bienestar que yo deseaba o anhelaba.

SERGIO Sí, como que siempre han sido así las relaciones que he tenido y han acabado.

MARIO Un corte abrupto es lo que pareces tener con ellas, o por lo menos estas chicas dirían que así fue. Podría tener que ver, y claro que esto que estoy diciendo no implica, a estas alturas de la conversación, que estemos intentando hacer una psicoterapia instantánea, más bien tiene que ver con la exploración y remembranza de ese estilo afectivo del que estamos hablando y que va a tener consecuencias muy obvias y serias, por eso lo estamos tocando, para la forma en cómo se termina y cómo transcurre o se le da mantenimiento a la relación. Digamos, entonces, que ese corte abrupto ocurre en la medida en que te vas decepcionando, es decir, llega un momento en que la suma de tus decepciones es demasiada, o te dices "ella me está decepcionando pero, seguramente, va a cambiar o va a mejorar o, seguramente, yo estoy haciendo alguna pendejada". En ese sentido por supuesto que estás a la expectativa un tanto idealizada, como todos en algún momento, de que las cosas sean o vuelvan a ser maravillosas.

SERGIO Pero parece ser un anhelo infantil.

MARIO Siempre lo es: se elabora a partir de las vivencias infantiles y en esa época en que la capacidad intelectual no está totalmente desarrollada, los mapas en su inicio son muy primitivos y esquemáticos. El mapa que uno trae en la cabeza, y aquí me permito una metáfora que puede ser útil: en el caso de los mapas no es lo mismo tener uno de *boy scout*, de estos muy rudimentarios del tipo que llevamos a la primera excursión al Desierto de los Leones o a Xochimilco, esos donde está la piedrota grande y a tres pasos largos está el caminito, de esos que uno hace en un papel de estraza... No es lo mismo ese mapita chafa que un mapa de la NASA que tiene especificada la precipitación pluvial a cada metro y la presión atmosférica también. Lo interesante es que el mapa de la NASA podría tener demasiados elementos y uno confundirse con todos esos detalles e información. Teóricamente uno puede empezar a tener mapas cada vez mejor detallados, más claros pero sin un exceso de datos. Una persona muy *psicoanalizada* o *terapeada* a lo mejor tiene un mapa sumamente complejo que puede no serle útil. Puede tener muchas cosas ahí, complejos de Edipo, transferencias y otras cosas extrañas y no muy exactas. Creo, incluso, que la gente muy intelectual, en el sentido de que vive la mayor parte del tiempo de las cejas para arriba, puede tener una cantidad de información teórica que se le indigeste y no la conduzca a nada que no sean ataques de estreñimiento emocional. Digo, tu mapa y mi mapa... a los 16 años es un mapa muy rudimentario, hipotéticamente a los 36 o 40 el mapa es más entendible, más ilustrativo: "Donde dice que tal árbol parece que es un pino, ¡aguas!, no es un pino, es otra cosa, y no se vaya a confundir; fíjese bien", como ocurre con los buenos mapas: "cuidado con tal cosa porque atrás hay un barranco y se puede caer", a ese mapa me refiero, que es mucho más detallado. Ojalá así sea para nuestro bien, pero la base de esto, de la construcción de los mapas individuales, sigue siendo la misma: lo que uno vivió, lo que ha experimentado por sí mismo desde el día de su nacimiento y, seguramente, desde antes.

Tengo un amigo que dice algo muy sensato, que uno se descose por donde lo cosieron, de otra manera te rompes, te desgarras…, y es otra historia que requiere de un trabajo de reparación o reconstrucción más amplio. Por eso son importantes eso mapas. Después del primer noviazgo viene o puede venir el gran amor o el primer gran amor con esta complejidad de la incorporación de lo erótico y sexual al panorama, o, por lo menos, andar cerca de esos lugares debajo del ombligo, que fue lo que ocurrió con mi segundo amor a los 18 o 19 años. Ya las aproximaciones eran fuertes en ese sentido, nunca consumadas, y eso fue lo que mantuvo la relación más tiempo del necesario e hizo también que fuera más dolorosa la hora en que se terminó. En el caso de esta chica, Magui, recuerdo que la terminación no fue de la mejor manera: no grosera, no agresiva, no nada, plana. Yo sabía que había un galán ahí rondándola. Entré a estudiar la carrera de medicina y por razones obvias comencé a verla menos, estaba muy preocupado por exámenes de anatomía y esas cosas, y esta ausencia, simplemente, fue aprovechada por el pretendiente y terminamos. Sí me provocó un franco estado de tristeza y de mucha angustia, una enorme ansiedad que se condensaba, ahora lo sé, en francos ataques de pánico. No sabía lo que era la ansiedad a ese nivel hasta que me pasó y claro que esa ansiedad no estaba referida únicamente a la terminación con ella, sino también al inicio de la carrera, las dudas de la carrera, y esta chica era un referente importante para mí, y, vamos, se me estaba desmoronando el mundo: no sé si estudiar esa carrera, no, sí, empiezo a reprobar materias, me doy cuenta de que hay, obviamente, gente muchísimo más inteligente que yo. Hasta entonces yo vivía aún en la onda de la prepa, de que el mundo es maravilloso y todo eso se me empezaba a cuartear por todos lados… y para acabarla de fastidiar esta joven tuvo el tino de decirme: "ahí nos vemos". Fue un año durísimo, 1970, fue un año de aullidos, de lamentos y de crujir de dientes, un *anno terribilis* y el disparador de esa gran crisis, creo yo, fue la ruptura con esta chica. Con todo lo que acabo de decir, que espero no aburra por ser tan personal, lo que trato de plantear es que para el estudio del "estilo afectivo" hay que contextualizar; esto es, conocer o tomar en cuenta las circunstancias o eventos que ocurrían cuando esos amores iniciales se dan, ya que explican o pueden explicar las peculiaridades de la vivencia en sí. No se trata solamente de saber que uno salió con Juanita, se enamoró, se acostaron, rompieron y dolió muchísimo. No es lo mismo, contextualmente, enamorarse en la ciudad de México al inicio de los años setenta saliendo de la cruda de los sesenta que hoy en día, en medio de las nubes de polvo por la orgía de construcciones en la ciudad y en plena guerra contra el crimen organizado.

Te recuerdo que yo venía de una etapa de cinismo, de tener un montón de noviecitas pero nada formal, nada serio. En este contexto de terminar con Magui y de tener dificultades a nivel de la elección de carrera, que después pude retomar y resolver más o menos bien, es que me reencuentro con el que sí fue mi amor grandotote; de hecho me casé con ella, años después. Fue mi novia de toda la carrera, mi primera amante, la primera persona con la que yo me casé. Inauguramos esa relación de noviazgo cuando yo tenía más o menos 20 años, primero o segundo año de la carrera de medicina, fuimos novios todo ese tiempo, más o menos de 1971 a 1976 en que nos casamos, para terminar tres años después. Ella terminó, como era el patrón habitual.

Sergio Ella es quien toma la decisión.

Mario Así es, y con una mecánica parecida. Yo estaba iniciando el segundo año de la residencia de psiquiatría con muchísimo trabajo, no angustiado ni nada pero muy comprometido con la carrera; era el arranque de la vida profesional ya en serio, y ella y yo nos habíamos distanciado; ella, sensata y valiente, muy al estilo Ida, pero con más delicadeza desde mi punto de vista —es de hecho una persona muy delicada y amable—, planteó que a lo mejor no teníamos mucho que hacer juntos o nuestro interés fundamental era la carrera de cada quien y, por supuesto, tenía razón. Aquí, a diferencia de las relaciones que he mencionado, hubo una convivencia, habíamos vivido casados tres años, habíamos sido amantes mucho antes, cuando amantes significaba que teníamos relaciones sexuales y esto tenía entonces más connotaciones que en la actualidad..., así que el ardor, el dolor de la terminación, de dejar de vivir juntos, fue intensísimo: 30, 60 días y varios kilos de menos, una alberca de café y 10 mil cigarrillos de más, y después el dolor se fue diluyendo, entre otras cosas porque conservamos la relación, hablábamos de todo ello y de cómo nos sentíamos: nos habíamos separado, nos habíamos divorciado, pero seguíamos platicando, nos seguíamos viendo, nos contábamos lo que estaba pasando y nos fuimos alejando paulatinamente. Cada quien vivía por su lado el proceso de separación, pero nos veíamos. Como habíamos crecido juntos desde la adolescencia, la ruptura fue un desgarramiento, pero vivido con la suficiente base de amistad y cariño como para poder hablar de ello, de repente soltar la lagrimita juntos y decir: "qué lástima que no jaló, pero ha sido lo mejor", es decir, fue una separación, paradójicamente, muy acompañada, tolerada, platicada. Tan es así que han pasado 33 años, nos divorciamos en 1979, y seguimos siendo muy buenos amigos, con mucho cariño, con mucho afecto. Ésa fue una muy buena separación y de aquí podemos brincar, porque ya existen otras implicaciones más adultas, más de matrimonio, a la separación del divorcio.

SERGIO Antes de eso, dígame, esta separación muy dolorosa, pero muy acompañada, muy civilizada o amorosa ¿es lo ideal o sería lo ideal?

MARIO En mi caso lo fue, y con ello quiero decir que no dejó un mal sabor, o huecos, o cosas no explicadas, dejó una herida bien cerrada, cicatrizada, sin dejar nada que pudiera romperse de nuevo de manera abrupta, ni estarme cobrando cosas, no, todo se tramitó con ella. Esta sana terminación tenía que ver con el cariño y el afecto que nos teníamos, nos tenemos, esta mujer y yo. Rocío es su nombre, por cierto. No recuerdo si hubo sombrerazos o si hubo algún reclamo, seguramente sí, pero siempre existió y existe la posibilidad de platicarlo, conversarlo y lo que me dolió mucho fue terminar y separarme totalmente de otra parte del mundo de nuestra relación: de su familia, un grupo de personas que estimé, en especial al padre. Era una familia más constituida y tradicional, con varios hijos, donde yo encontraba muchos afectos. Romper con Rocío implicó romper con ellos también, pero para mi agradable sorpresa, 10 o 15 años después acudí a una reunión familiar y fue como si no hubieran pasado tantos años en términos afectivos: el afecto estaba intacto. Fui muy afortunado.

Nada que ver con el siguiente episodio de divorcio de un matrimonio que duró 10 años, cuya terminación fue radical y brutalmente diferente por muchas circunstancias: engaños, secretos, decisiones unilaterales, oportunismo, codicia y mezquindad, fraudes, hipocresía… un horror. La consecuencia inevitable de dos personas —una más, la otra un poco menos— centradas totalmente en sí mismas, de un narcisismo feroz. Y aprendí, Sergio, algo muy valioso para mi trabajo con individuos y con parejas: lo que no se debe hacer. Como dice Karl Popper, gran epistemólogo, equivocarse es el máximo grado de conocimiento: sabe uno con toda claridad lo que no es o debe ser. Este libro en buena medida, me doy cuenta ahora, está motivado por el sincero intento de evitarles a nuestros lectores la terrible experiencia de una terminación y divorcio desaseado, repugnantemente deshonesto.

Pasando revista a mis separaciones creo que la ruptura de Ida fue una ruptura bien hecha, me amputó o se amputó de mí e hicimos una buena hemostasia, lo que quiere decir que no sangré o no sangramos mucho. Hemostasia significa ligar los vasos de la herida, quirúrgica o no, y aplicar un aparato de electrocoagulación que es una especie de cautín eléctrico para cerrar los vasos instantáneamente, quemándolos de tal manera que no sangran más. Viene la amputación, haces una buena hemostasia, limpias bien, no se infecta, no se forman abscesos, duele pero no demasiado y todo bien. El que la joven Rocío y yo hayamos terminado de una manera amorosa y bien acompañada había "abonado" el terreno y yo no tenía miedo o estaba bien dispuesto a otra posible o futura amputación, porque no había sido tan difícil la primera, valga la metáfora médica. Y ahí lo quiero detener, porque la cosa del divorcio es muy complicada.

SERGIO Si alguien está leyendo este libro es porque muy probablemente acabe de sufrir una pérdida, se acaba de divorciar, o acaba de enviudar o acaba de tronar, cualquiera de las tres, y hacer este repaso de nuestras relaciones tiene que ver con que si la persona hace un mapa de sus relaciones puede encontrar señales.

MARIO Puede encontrar una piedra, un árbol, un sendero, que son o van a ser señales importantísimas.

SERGIO Puede ir armando un mapa muy significativo de cómo han sido sus relaciones, sus rompimientos.

MARIO En dónde se atoró, cómo salió, si salió y estaba todo arañado y raspado o no, qué tendría que trabajar y qué no. Porque sale uno raspadísimo, a veces, o no sale nunca, se queda atorado en esas rupturas de noviazgo o de amantes o de matrimonio, por no hablar de la viudez. El mapa lo que te dice es: "cuando entré todo era muy bonito, pisé una rama que no era rama, era una víbora coralillo, o me caí por güey y finalmente salí pero después de un esfuerzo enorme". Por eso es importante. Es el mapa de lo que el maestro Vittorio Guidano llamaba el estilo afectivo.

SERGIO El estilo afectivo de cada quien.

MARIO Sí, el estilo afectivo de cada quien nos dice cómo abordas inicialmente una relación amorosa, cómo mantienes la relación el tiempo que la mantuviste bien, en qué momento se empieza a descomponer o deteriorar, en qué momento revienta y cómo revienta y cómo solucionas, o no solucionas, las secuelas de la ruptura, cómo te vuelves a relacionar y qué pasó después o qué está pasando actualmente. Lo que Vittorio nos invita a estudiar de manera detenida y exhaustiva en los procesos de su psicoterapia postracionalista es el debut afectivo, aquella primera relación, y la última, la más reciente, la que estés viviendo en este momento. O, en el caso de algunas personas, la que más ha dolido o la que más le ha "pegado" emocionalmente. O sea, el mapa y luego las consecuencias de éste: hubo accidentes o no hubo accidentes, cómo está la persona en el momento actual.

99 —Me dijo usted, don Juan, que la yerba del diablo prueba a los hombres. ¿A qué se refería?

—La yerba del diablo es como una mujer, y como mujer halaga a los hombres. Les pone trampas a cada vuelta. Te puso una trampa forzándote a untarte la pasta en la frente. Y tratará de nuevo, y tú probablemente caerás. Te lo advierto. No la tomes con pasión; la yerba del diablo es sólo un camino a los secretos de un hombre de conocimiento, hay otros caminos. Pero su trampa es hacerte creer que el único camino es el suyo. Yo digo que es inútil desperdiciar la vida en un solo camino, sobre todo si ese camino no tiene corazón.

—CARLOS CASTANEDA,
Las enseñanzas de don Juan

SERGIO Parece que me voy a desviar un poco del tema, pero no realmente. David Mamet tiene un libro que se llama *El conocimiento secreto*, donde afirma que nadie tiene la verdad absoluta en su mano para dárnosla y justo por eso le llama así al libro, burlándose, porque no hay "tal conocimiento secreto".

En ese libro, Mamet dice algo que me parece muy bello. Habla de que Moisés libera a los judíos de los egipcios y luego los guía por el desierto 40 años, rumbo a la tierra prometida. Primero los libera de los egipcios, luego, los libera de sí mismos, de todas las dudas que comienzan a tener durante la larga travesía. Luego, Moisés muere justo antes de que lleguen a la tierra prometida. Y no llega, según Mamet, "porque Moisés también tenía que liberar a los judíos de Moisés". Buscando el lado positivo de la pérdida, siento que muchas veces, en una relación que está mal, que se está volviendo algo destructivo, doloroso, que no nutre y que ya no genera crecimiento o desarrollo, creo que uno debería tener el buen gusto de liberar a la pareja de uno mismo o librarse uno de la otra persona, porque así debe ser; Moisés les corta las amarras de un tirano de Egipto, de otro que son su propias dudas y de un posible tercero; es decir, si Moisés hubiera llegado se habría convertido en un rey cegado por el poder: "yo los liberé y ahora me vuelvo el Fidel Castro de ustedes, yo hice la revolución y ahora yo soy el tirano"; el rebelde se vuelve el tirano, lo cual ocurre siempre a nivel de política. Guadalupe Victoria, nuestro primer presidente, fue el primero que quiso eternizarse en el poder, bajo el argumento de que México "no estaba listo" para vivir sin él.

Cuando me comentaba que su primera esposa tuvo este rompimiento muy amoroso y acompañado es que también pensé... tiendo a pensar mal, no de ella, claro, pero hay gente que disfraza su hambre de control, y la disfraza de un acompañamiento continuo del otro, lo cual no sólo no lo ayuda, sino que lo empantana, lo frena. Lo he visto muchas veces, en serio, estoy pensando en amigos míos que hacen eso, que mandan a la pobre mujer a la tiznada pero la quieren tener ahí por si algún día se ofrece.

MARIO Lo cual es muy ojete. Aclaremos que el ojete es el que puede dar y no lo hace.

SERGIO Es una ruptura falsa, y menciono estas dos cosas con las que podría desbordar demasiado en vez de acotar el tema, pero no sé si este sea el momento de una respuesta.

MARIO Sí, de hecho me pusiste a dudar de Rocío, quien quizás sea una malvada en el fondo... Es broma, no lo creo de ninguna manera.

SERGIO Sí, no lo creo de ella, pero la gente es sumamente corriente, no tiene buen gusto para manejarse a nivel sentimental.

MARIO Totalmente de acuerdo. Cuando hablaba de esta joven Rocío decía que había sido delicada, decía que es una de sus características como persona, sutil, suave, gentil y me estoy quedando sin adjetivos..., pero tienes toda la razón: muchas veces hay un disfraz en esta ruptura porque, verdaderamente, no se está rompiendo, más bien lo que se está haciendo es distanciarse del otro para conseguir un control sobre esa persona. He visto todo esto, Sergio, sobre todo en consulta y sobre todo cuando hay hijos. Las personas que no tienen hijos creo que no caen en esto de manera tan frecuente, por lo menos en lo que a mí me ha tocado ver, y hasta cierto punto se entiende dentro de la enorme complejidad de un divorcio, el proceso en sí mismo y su consumación y lo que está por venir, cuando tienes hijos. Porque de la persona de quien te divorcias, vas a seguir teniendo que verla porque tienen hijos, precisamente. A no ser que la ruptura haya sido brutal, como ocurre muchas veces, en donde se termina con la relación y con la persona; pero en un divorcio con hijos habría que ser aún más cuidadoso, todavía más claro, más honesto, más elegante, todo lo contrario de corriente, pues, y en un divorcio en que se pretende controlar al otro, al excónyuge, es porque es una manera de garantizar un control sobre los hijos. Entiéndase que viene la ruptura y, en general, los hijos se quedan con la mamá. Y el exmarido, de alguna manera, tiene o quiere tener a la exmujer controlada, o la mujer tiene al marido controlado, al ex, porque le interesa que garantice, si no un flujo amoroso hacia los hijos, sí un flujo económico. Es un mecanismo de control que da lugar a una serie de líos, es esa clase de horror terrible, que no tiene nada que ver con que yo siga amando a mi exesposa, tiene que ver con control, con egoísmo, con no mirar al otro, no preocuparse por las necesidades del o la otra, nada que ver con lo amoroso.

SERGIO Entonces hay una falsa pérdida, lo que es peor. Si alguien muere, bueno, la muerte es el argumento más contundente que hay. El otro ya no está y punto, pero una falsa pérdida es peligrosísima para la psique, es como mantener una herida abierta, una mala sutura, una mala amputación, una mala hemostasia, una mala limpieza, porque si abres algo hay que cerrarlo bien y limpiarlo bien; queda eso abierto y duele, se pudre.

MARIO Se pudre, se infecta, y uno piensa que la única medicina para ese tipo de heridas es uno mismo o ella, pues ya está cerrado el cuadro. Si yo tengo una falsa pérdida de mi señora esposa, es decir, "terminamos", pero en realidad no terminamos, es una falsa pérdida. Todo eso que me duele de la ruptura con ella, que no está bien limpiada, bien cicatrizada, va a hacerme creer que la única que me puede hacer cerrar esa herida es ella, y entonces caemos en un mecanismo autoperpetuado.

MARIO Aquí me viene a la mente la obra de Lin Yutang, un autor chino educado en Inglaterra que escribió un libro muy popular en los años cuarenta y cincuenta titulado *La importancia de vivir*, en el que escribe sobre la manera de vivir del pueblo chino y plantea que los occidentales estamos educados para el éxito, lo que sea que eso signifique, y que para lograrlo hay que ser perfectos.

Para ser exitosos en el amor hay que ser perfectos, y si uno no lo logra es porque es imperfecto y un fracaso total, y entonces hay que morir o suicidarse o lo que sea.

99 Down here it's just winners and losers and
Don't get caught on the wrong side of that line

—BRUCE SPRINGSTEEN, "Atlantic City"

Pero dice también, y es esto lo importante, que los chinos no piensan así. Y no es que estén educados para el fracaso, la cosa no es: "vas a fracasar, te educo para que fracases", no, la educación es: "esperemos que te vaya bien, hijo mío o alumno mío, pero cabe la posibilidad de que fracases, y el fracaso no es una imperfección, es una eventualidad de la vida, no se puede ganar siempre, algún día perderás, y quizás no porque sea responsabilidad tuya, puede que sea por un desastre natural, por miles de razones y entonces, hijo mío, ¿qué vas a hacer cuando fracases?". Hay una preparación para afrontar el fracaso y sus consecuencias, de ahí que, dice Lin Yutang, los chinos como cultura hayan sobrevivido a todo. Los chinos ya existían cuando estaban en su apogeo los griegos, que duraron 300 o 400 años como potencia, los romanos con su imperio igual, España duró poco tiempo, Inglaterra un poco más, y luego los gringos, que tienen menos años que todos los anteriores y que se están desintegrando paulatinamente en tanto estamos hablando, en mi percepción. Los chinos vienen de regreso y con más fuerza que nunca, pero Lin Yutang se preguntaba en aquel momento: "¿Por qué los chinos hemos perdurado?", y una de las variantes que encontraba era que están educados para hacer lo que tengan que hacer de cara a sobrevivir al fracaso. No me acuerdo si citaba a Mao o no, y eso porque Mao, quien empezó su revolución en el final de los treinta principios de los cuarenta, empieza a pelearse contra los nacionalistas de Chian Kaishek y va perdiendo todas las batallas, de hecho se retira en la *Larga Marcha,* más de 10 000 kilómetros desde el frente inicial de esta guerra, va perdiendo y va pa'tras, va perdiendo y va pa'tras y se retira 10 000 kilómetros del punto de inicio y luego regresa y la frase de Mao es, me parece, genial: "De derrota en derrota hasta la victoria final".

Lin Yutang decía que para que se sobreviva como civilización —yo digo que para sobrevivir también como persona— se requieren cuatro elementos fundamentales: uno, sentido de realidad o realismo (R); dos, sueños o idealismo (I); tres, sentido del humor (H) y, cuatro, sensibilidad (S). Si además agregamos un valor numérico, cuatro, para "anormalmente alto", tres, para "alto", dos, para "justo o adecuado" y uno, para "bajo", tendríamos una serie de fórmulas tanto para las comunidades o naciones como para los individuos: R3D2H2S1 los ingleses, R2D3H3S3 los franceses, R3D3H2S2 los gringos, R3D4H1S2 los alemanes, R2D3H1S1 los japoneses y R4D1H3S3 los chinos. Como se puede apreciar, los chinos son extremadamente realistas, tienen un sentido de la realidad tan extraordinario que están dispuestos a sacrificar generaciones, sacrificarse ellos, sus hijos y los hijos de sus hijos para que los hijos de los hijos de los hijos funcionen y estén bien; en contraste, el idealismo es mínimo, un alto sentido del humor y una sensibilidad importante, recordemos que los chinos son grandes artistas. En cambio los alemanes, por ejemplo, tienen un sentido del humor muy bajo y un idealismo desbordado, combinación que hace que se tomen demasiado en serio y ¿qué pasó en la primera y la segunda guerras mundiales?, además de empezarlas se los llevó el carajo. Los italianos no se diga, tienen todo exagerado. Los franceses son los más parecidos a los chinos, dice Lin Yutang, aunque sean más volátiles. Aplicando esto a los individuos uno diría: "¿cómo puedo afrontar las pérdidas y el fracaso?", pues con mucho sentido del humor y realismo, poco idealismo y una buena sensibilidad. El menor es, debería ser, el idealismo, entendido como la comprensión, no de las cosas como son, sino como "deberían" ser.

SERGIO Pues el mismo Friedrich von Hayek, el Premio Nobel de Economía, habla de la visión trágica: uno no debe pensar que los aspirantes a ser gobernantes son los mejores miembros de una sociedad; uno debe pensar que son los peores, porque además así es, y uno debe pensar que cuando suban al poder van a querer perpetuarse en él, y por eso hay que acotarlos bien. Si uno piensa otra cosa es demasiado idealista; hay que pensar trágicamente, por eso hay que limitar al gobierno lo más posible.

99 Show a Little faith, there's magic in the night
You ain't a beauty, but hey you're alright
Oh and that's alright with me

—BRUCE SPRINGSTEEN, "Thunder Road"

MARIO En el enamoramiento occidental, entiéndase los novios y los amantes, todo es sensibilidad, fantasía e idealismo; me parece que no se aplica mucho el sentido del humor a la relación, me da la impresión de que los enamorados son mortalmente serios en cuanto a su amor y en cuanto a las virtudes del amado; cuando uno hace una broma del tipo de "no, hombre, tu novia no está tan guapa, no es tan inteligente", el enamorado se pone muy enojado porque está instalado en el idealismo absoluto, en la fantasía más grande, desbordada, un realismo de cero y un sentido del humor escaso, y si es así, la relación está condenada a romperse espectacularmente: no están presentes los amortiguadores que serían el sentido del humor y el realismo. Teóricamente, el matrimonio tendría que ser más realista, debería contar con un enorme sentido del humor, bajarle un poco al idealismo y la fantasía. Yo recomendaría una dosis interesante pero no excesiva de idealismo o sueños, porque es lo que te permite ser inventivo, imaginativo. Aquí podríamos estar llegando a un punto interesante en términos de números o fórmulas y decir: "bueno, hay ciertos elementos que te van a meter en una ruptura brutal cuando tu relación está basada en la fantasía y el idealismo, y un amortiguador de esto sería una dosis de realismo y sentido del humor", pero hacerlo es complejo por esta concepción jodida que tenemos del amor en Occidente, que es el amor pasión, el amor que se sufre y se padece, no aquel amor tranquilo y cotidiano del que hablábamos en el primer libro, el de la hamburguesa de Arby's que el marido de Frances McDormand le lleva a su mujercita a la oficina en la película *Fargo*.

SERGIO Esa hamburguesa equivale a cocinar la sopa al estilo chino, con una flama baja, pero constante, que se puede tener dentro de la casa, en vez de hacerla al estilo occidental: afuera de la casa, con una llamarada muy fuerte y peligrosa, que al extinguirse hará que la sopa primero esté hirviendo y luego se enfríe muy rápido.

MARIO Esto es lo que decía el maestro Lin Yutang, tan interesante que deberíamos retomar su lectura.

SERGIO ¿Cómo se llama el libro?

MARIO *La importancia de vivir*, muy famoso en su tiempo por su visión, no exactamente desencantada, de este viejo sabio chino que sonríe y que dice: "Bueno, la vida es muy importante por esto y esto y esto, es muy linda por esto y esto, es terrible por esto y esto y esto"... Y sonríe, no suelta una carcajada pero sonríe.

SERGIO **El sentido del humor es signo de sabiduría y de salud mental, de inteligencia. Los países en donde se permite burlarse de los poderosos son mucho más habitables, y en una relación de pareja debe existir el sentido del humor.**

MARIO Cuando se torna totalmente seria una relación de pareja aquello es espantoso, uno dice: "puta madre, que horror". Una pareja que no ríe..., lo ves en cualquier restaurante, estas parejas jóvenes, maduras, viejas, lamentables porque los ves como congelados y no hay ni siquiera una sonrisa y dices: "qué mal, qué triste, qué desperdicio".

SERGIO No se trata de estar haciendo chistoretes todo el tiempo, sino del gozo de estar con el otro.

MARIO Del placer de estar juntos.

SERGIO Exacto.

MARIO **Creo que también planteamos en el primer libro la regla de "igual valor": el otro es o debe ser**

tan valioso como uno; pero hay otra que me parece parte fundamental de una fórmula que podemos ir sacando y es que el otro en cualquier discusión... —una discusión que valga la pena— la regla sería que el otro tiene la razón en, al menos, un 50%.

Sergio ¿Eso es ley? En una discusión de pareja el otro tiene un 50% de la razón por lo menos, ¿a fuerza?

Mario Digamos que en principio, como una regla de higiene mental, sí. Si mi actitud es que mi estimado amigo Sergio Zurita, en esto que estamos platicando, tiene por lo menos un 50% de razón, eso implica un respeto, e implica que no puedes tener el 100, nunca el 100, y eso implica bajarle un muchito de arrogancia y mamonería.

Sergio ¿Y si es que uno está casado con la mujer más pinche del mundo?

Mario ¿Alguien así como Elba Esther?

Sergio Ándele, uno está casado con Elba Ester Gordillo.

Mario Pues sí, la vieja horrenda tiene razón al menos en un 50%.

Sergio ¿También ella? ¿A pesar de que quiera someterlo a uno y a todos los que estén a su alrededor?

Mario En principio.

Sergio Por lo menos para empezar la discusión. Como una regla para comenzar la discusión, ya luego puede resultar que tenga el 100 o el cero.

Mario Eso es importante: "de entrada te voy a escuchar, vamos a ver, ahí vamos, cuentas con 50% de la razón de saque".

Sergio Regresando a *La importancia de vivir*, el título es muy poético y muy obvio al mismo tiempo. Pero suele ocurrir: las frases más poéticas que he oído son las más obvias.

Mario Habitualmente.

SERGIO Jaime López tiene esta que dice: "Detrás de Palacio Nacional está la primera calle de la Soledad". Y en efecto, la calle que está atrás de Palacio Nacional es Soledad. Así de fácil y así de poético. Simplemente estaba describiendo la realidad. Pero es ahí, detrás de la obviedad, donde se esconde la poesía. Y claro, vivir es lo más importante que hay, lo único. Decir: "no se te olvide que la vida es importante", es como decir: "no se te olvide respirar", pero a veces se olvida. Y una vez más: el gran artista le indica a uno que se va a morir, y a esta feria sólo se viene una vez.

MARIO Aunque los hindúes digan otra cosa.

SERGIO Los hindúes pueden decir misa, pero que a mí me conste, solamente estamos aquí una vez y sí es importante vivir bien esa vez y tomar en cuenta, una vez más, el sentido de la impermanencia.

MARIO Fíjate que Lin Yutang dice, en el mismo libro, que la finalidad de la vida no es otra sino vivir, no hay ningún misterio o una verdad oculta en la divina providencia o estas cosas raras. La verdadera finalidad es vivir, es importante verlo así y aunque parezca que son obviedades. Siempre me interesó lo que dijo el maestro Ludwig Wittgenstein: "La solución al problema de la vida es la desaparición de la vida como problema", la vida no es ningún problema, la vida es lo que es... y eso me parece maravilloso.

SERGIO ¿Hay manera entonces, basados en lo que dice Lin Yutang, de que el fin de una pareja pueda dejarse de ver como fracaso?

MARIO En principio y como postura de entrada sí, pero claro, habríamos de acotar: si yo termino con mi pareja (o mi pareja ha terminado conmigo) porque la he sorprendido en la cama con mi hermano, voy a tener dos pérdidas, mi hermano y ella. Esa es una pérdida masiva y el impacto va a ser terrible: voy a sentir que fracasé, me va a doler muchísimo; ahora bien, ¿eso quiere decir que soy una mierda? No. ¿Ellos lo son? Quizás. ¿Esto significa que soy un ser defectuoso, no amable? No, lo que sucedió es terrible pero es parte de la existencia. Yo tengo amigos que han tenido pérdidas masivas y me he preguntando cómo han sobrevivido a ellas y me parece que tienen una resiliencia y fortaleza, notables o un equilibrio emocional importante. No creo, como veíamos la vez pasada, que estén negando algo u ocultando algo. Son como la señora Jacobi de *Escenas de un matrimonio*. Quieren vivir. En el terremoto de 1985, un amigo muy querido perdió a su esposa, a su hijo de tres años y a otro hijo que estaba por nacer. Yo simplemente no puedo concebir lo que él pasó, no puedo imaginármelo. Y bueno, ahí está, y ama y trabaja, como diría el mismísimo Freud, y no creo que esté ocultando nada ni sublimando nada; él es muy especial: cuando habla o hace mención a la época en que su primera mujer estaba viva dice: "En mi otra vida", y tiene toda la razón, porque ésta es su nueva vida, la que vive.

Sergio Pero no todo el mundo tiene esa capacidad.

Mario Ciertamente no, yo creo que hay muchas personas que están en la misma situación, que por otras razones o por otras circunstancias no se recuperaron.

Sergio Si a alguien le pasa eso y se suicida no se lo echaría en cara. Lo que me sorprende es lo otro. No quisiera quitarle peso a la tremendísima pérdida de su amigo ni de nadie que haya pasado por eso. No lo puedo ni concebir. No sé si yo podría soportarlo.

MARIO No tengo idea ni tampoco quiero saberlo.

SERGIO Esto me lleva a las películas de Kryztof Kieslowski *Azul, Rojo* y *Blanco.* El azul significa libertad; el blanco, igualdad; y el rojo, fraternidad. Y las películas tratan esos temas.

Kieslowski me parece un cineasta sobrevalorado, pero recuerdo algo muy interesante de la película *Libertad.* Se trata de una mujer, interpretada por Juliette Binoche, cuyo esposo ha muerto. Y esa pérdida tan fuerte la hace enfrentarse cara a cara con la libertad.

MARIO Es decir, estar solo otra vez. Estar libre del otro.

SERGIO Y el otro no es que fuera ningún mal tipo ni nada por el estilo. Sin embargo, lo que plantea la película es que ella, de pronto, es libre y no sabe qué hacer con esa libertad. No es que haber estado casada haya sido una prisión, sin embargo, ahora tiene más libertad de la que estaba acostumbrada. Y la ruptura o la pérdida de una pareja puede ser vista así: es una ganancia de libertad. Yo sé que si a alguien se le acaba de morir su esposo me va a decir: "chinga tu madre, esto no libertad, es un dolor espantoso". Lo mismo me dirá alguien que se acaba de divorciar de una persona que amó muchísimo y durante mucho tiempo, pero no sé, es una pregunta.

99 Hay relaciones que se van a pique como el Titanic, y el divorcio es el sacramento del adulterio.

—BOB DYLAN en el episodio "Divorcio" de su programa radiofónico *Theme Time Radio Hour*

MARIO En el divorcio, el que suscita el divorcio —hay
que recordar que para casarse se necesitan dos,
pero para divorciarse nomás uno, el que dice ya
no quiero—, el que promueve el divorcio se está
liberando del otro. Eso es cierto. Y muchas veces
lo hace, como veíamos en la conversación pasada,
para estar con alguien más; es una libertad relativa, para estar con alguien más que ya está. Sale de
una relación para entrar en otra, si no es que ya
está en ella. En ese sentido, si es así, en realidad
no se está liberando del otro porque yo sosten-
go —igual lo discutimos, por favor, de eso se trata esta conversación— que un tercero o tercera,
esto es, el amante o el potencial amante de este que
se está divorciando o se divorció ya, es parte de la
relación primaria, es parte de la relación que este
señor o señora tiene con su exesposo o examante,
no es independiente. Los que hemos sido amantes
de señoras casadas lo sabemos muy bien.

99 I know you don't care but here's my last thought
Not that it matters, but here's the las thing
    I thought
Our little thing is lying here in tatters
And you my dear don't have any manners

—LOU REED, "Tatters"

Esto implica que divorciarse para entrar o estar
en una relación sin tener la elegancia de haber terminado con el otro o la otra de una manera más
adecuada, más completa, hará que entre en esta
relación en falso; no es que haya terminado con la

otra persona para estar con ésta; nunca terminó, es una continuación. Eso es lo que yo planteo.

SERGIO No encaró el dolor de la pérdida. Evadió una pérdida que tuvo que haber vivido y que vivirá más adelante.

MARIO Probablemente. Hay una excepción a esto y es una excepción muy importante. Nadie está exento, ni tú ni yo —tú estás felizmente casado, yo lo estoy también—, a que se le aparezca el diablo en la figura de otra persona y que te enamores de ella. No estás exento tú ni yo, ni tu esposa de que le pase con alguien más, ni la mía, pero lo que podemos esperar es que antes, si yo me doy cuenta de que eso me está ocurriendo, lo tengo que encarar y plantearlo con mi pareja: "la razón por la cual me quiero separar de ti es que he conocido a alguien o me interesa alguien más". La cosa se va a poner de cualquier tamaño…, pero está uno encarando la situación. Creo firmemente que eso es lo importante y sano, lo sensato. Sólo así pudiera uno empezar una relación desde un punto de partida que no implica un engaño o que no implique posponer dolor o duelos o problemas. Claro que uno se puede equivocar y resulta que te enamoraste en falso…, y ya te jodiste, te quedaste como el perro de las dos tortas; y bueno…, es el riesgo, es esta vida difícil. Entonces, te liberas del otro y lo liberas de ti, sí o no, dependiendo de cómo encares una ruptura para el divorcio. En el caso de muerte, voy a mencionar algo que luego retomo. Hay un estudio interesantísimo que tiene estadísticas creíbles, en donde se estudian viudas recientes. Digamos, la señora Smith o la señora Black, su esposo murió esta semana; entonces se entra en contacto con ella y bueno, se toma en cuenta la edad, tiempo de matrimonio, condiciones en las que murió el marido y otras; y el punto interesante de aquel estudio fue: vamos a ver cómo están estas viudas después de seis meses. Con *cómo están* me refiero a su salud mental, su estado de ánimo, etcétera. Y dividieron el grupo en dos: las viudas que tuvieron un buen matrimonio o un matrimonio satisfactorio —que querían al marido, que tenían sus problemas pero los superaban, una buena relación— y las viudas que tuvieron una mala relación —conflictiva, había violencia, broncas—. Una de las variables era que tuvieran al menos cinco años de matrimonio. Entonces eran viudas que podían ir desde los 30 hasta los 80 años de edad. El punto era ver cómo estaban. Resulta que aquellas viudas que habían tenido un matrimonio bueno estaban bastante bien a los seis meses; mientras que las que habían tenido un mal matrimonio estaban muy mal. Eso no hace mucho sentido. Las que tuvieron un buen matrimonio deberían extrañar muchísimo a su marido, estar en duelo, y las que habían tenido un mal matrimonio por fin se habían liberado de ese infeliz. Pues no, era al revés. La razón era muy simple: las que tenían un buen matrimonio, por lo menos habían tenido ese buen matrimonio, y las que habían tenido un mal matrimonio habían perdido al mal marido y además habían perdido el tiempo, mucho tiempo-vida mientras ese matrimonio duró. En estas últimas la viudez, la pérdida, era doble, y eso las mandaba directamente a calacas, a la depresión.

Entonces... sí, te liberas, pero de quién o de qué. Eso debe ser terrible, escalofriante, tener una vida del carajo durante 20 años donde por fin se muere esta vieja cabrona, y bueno, sí, pero ¿ahora a quién voy a odiar?

SERGIO Basado en este estudio de las viudas, si una persona se divorció hace un año y ha sufrido como bestia estos 365 días, no duerme, está furioso y ha perdido el trabajo...

MARIO ¿Estás hablando de una persona hipotética que se divorció, propició el divorcio o fue el abandonado?

SERGIO A esta persona la dejan. Hace 365 días la dejaron. El otro o la otra se fue de la casa. El caso es que lleva un año separado, lleva un año en la ruptura y en ese año ha sufrido como bestia; ¿esto puede ser un indicativo de que su relación era muy mala? Es decir, las viudas que están mal son las que tuvieron un matrimonio feo...

MARIO Esta persona tiene un matrimonio feo y su esposo o esposa se va, se divorcia y esta persona queda devastada a pesar de tener un mal matrimonio.

SERGIO Y a otra persona la dejan, sufre mucho pero un ratito, ¿quiere decir que tuvo un buen matrimonio?

MARIO Mira: la persona que tiene un mal matrimonio y se divorcia, pero es el cónyuge dejado o abandonado, lo primero que se le viene a la cabeza, lo que no digiere y que la tiene mal, es no haber tenido los huevos o los ovarios de haberse salido antes.

SERGIO De habérsele adelantado al otro.

MARIO Porque no tuvo la entereza para abandonar primero por diferentes razones, algunas de ellas muy entendibles: razones de tipo económico, estatus, en fin, una serie de razones y situaciones o, simplemente, falta de entereza, falta de iniciativa o cierta pasividad, o cierta dependencia en algún nivel. Yo diría, entonces, que esta persona está mal emocionalmente porque se le adelantaron o por el abandono mismo, es parte de un mal matrimonio, es parte de un mal proceso de terminación. Por otra parte, existen algunas personas muy cínicas que probablemente sí le entran a un matrimonio sabiendo que se van a divorciar, las hay sin duda, pero en general no, todos le entramos o le hemos entrado al matrimonio de buena fe y después las cosas se descomponen.

Creo que en el fondo los buenos matrimonios tienen un "capital" emocional positivo que les permite afrontar un número de cosas, esto es: "tengo el recuerdo, la 'ganancia', el 'capital' emocional, de que alguna vez las cosas fueron diferentes y que fueron diferentes para los dos: nos queríamos". Claro que también se pueden extrañar muchísimo, y eso les da el dolor del divorcio inmediato, pero luego están bien.

Cómo va a estar uno después del divorcio va a depender también de la forma en que se termine. Ejemplo: tengo un mal matrimonio, muy malo, yo me enamoro o me enredo con otra mujer que resulta ser la mejor amiga de mi esposa. Como podrás apreciar es bastante severo el asunto si las cosas son así. Es muy diferente si se plantea: "oye esto no está yendo a ningún lado, por qué no terminamos", "Pues no quiero", "Pues yo sí", "Pues vamos con los abogados o con quién tú quieras"… y no hay terceros involucrados, no hay engaños. Va a ser difícil recuperarse, pero menos difícil que en el primer caso.

SERGIO Y esta persona hipotética, si tiene un mal matrimonio decide salirse, estará contenta. No es como que se le adelantó el otro yéndose o muriéndose.

MARIO Está tomando una decisión, estará mejor y lo hace incluso con esa intención: la intención de estar o sentirse mejor que continuar con una mala e insatisfactoria relación. Puede sorprenderse de que a lo mejor no está tan bien como pensaba, puede ocurrir que extrañe muchísimo una serie de cosas que no necesariamente tengan que ver con la esposa: puede que tengan que ver con el barrio donde vivía, los amigos, la relación con los hijos —si es que los hay—, pero al final de cuentas va a estar mejor.

SERGIO Bueno, alguien que tiene un buen matrimonio no lo dejará. Eso ya ni plantearlo.

MARIO Nadie se sale de un buen matrimonio. A lo mejor pudiera ser por alguna fantasía, algún acelere. Una hipotética libertad o una hipotética nueva vida.

SERGIO Pero ¿por qué pensaría uno en irse si su matrimonio está bien?

MARIO Hay gente muy extraña.

Quisiera aquí tratar algo más: los psicoterapeutas tenemos fama de *divorciadores*. Esto es, alguien entra a terapia y truena. Esto es interesante, ya que entrar a psicoterapia "pone a prueba" su matrimonio, porque pareciera que éste es parte de su patología. Quiero decir, uno entra a terapia y se da cuenta de que está repitiendo patrones, y entonces decide divorciarse, o es una excusa o una coartada o, efectivamente, el psicoterapeuta induce alguna crisis, o el hecho de tener un interlocutor en un determinado nivel genera una crisis, no lo sabemos. Lo que sí sabemos es que, ciertamente, el matrimonio tendría que reacomodarse ante la presencia del psicoterapeuta, porque éste funciona como un tercero con el cual hay intimidad emocional, en un tiempo y un lugar particulares. Todo tiene que ser muy claro y abierto.

El psicoanálisis ortodoxo o aquellos que se dicen analistas ortodoxos, en contraste, tienen un problema con esto porque yo, tu pareja, tu esposa o esposo, no conozco tu tratamiento, yo no conozco tu analista, yo no me meto ahí, yo… nada de nada; la tuya es una relación privadísima, exclusivísima, el otro u otra, la pareja, está totalmente excluida. Y en este caso nunca hay la sensatez de: "mucho gusto, señora González, yo simplemente quería conocerla para saber quién es usted y usted sepa quién soy yo; su marido, el señor González aquí presente y a quien le pedí permiso para invitarla, está en tratamiento por estas y estas razones y si usted tiene alguna inquietud y el señor está de acuerdo podríamos vernos en este consultorio los tres". Esto no está dentro del esquema de un análisis ortodoxo; sí lo está, por supuesto, en psicoterapias más modernas o con mayor apertura. En el psicoanálisis ortodoxo no se contamina la "pureza" del escenario terapéutico… y ésa es parte de la cultura en general. De hecho, cualquier persona puede llegar a psicoterapia pensado: "aquí mi pareja no tiene nada que ver aunque hable de ella todo el tiempo, aquí somos yo y mi terapeuta", pero eso no implica que, en un momento dado, pudiera haber un tipo de contacto si así lo desea el paciente, o si del otro lado, del lado del cónyuge que no está en psicoterapia, se está metiendo mucho ruido.

Creo que esos matrimonios en los cuales la psicoterapia o el psicoanálisis disparó una crisis no estaban muy bien, y el analista o psicoterapeuta no estaba muy bien tampoco, en el sentido de que siempre hay que tomar en cuenta al otro, al cónyuge, no hay que excluirlo. Si mi paciente o mi analizado me dice, como ocurre muchas veces: "Es que mi mujer o mi marido se trepa a las lámparas y quiere saber qué está pasando aquí", entonces le digo: "Pues invítela o invítelo y lo discutimos". Esto, repito, no pasa en un psicoanálisis ortodoxo, y bueno..., ésas son las reglas, que creo no son muy sensatas.

Para saber más...

Karl Popper (1902-1994) Filósofo, sociólogo y teórico de la ciencia nacido en Austria y posteriormente ciudadano británico. Popper expuso su visión sobre la filosofía de la ciencia en su obra, ahora clásica, *La lógica de la investigación científica*, cuya primera edición se publicó en alemán (*Logik der Forschung*) en 1934.

Hemostasia O hemostasis es el conjunto de mecanismos aptos para detener los procesos hemorrágicos.

Estilo afectivo Corresponde al rango de diferencias individuales en los múltiples componentes de las disposiciones anímicas y la reactividad afectiva. Varios fenómenos se incluyen en este término: el nivel emocional tónico, el umbral de reactividad y el tiempo de recuperación, entre otros. Cuando dos personas se gustan e inician ese periodo de cortejo, que hoy dura lo que dura un noticiero, se ponen en juego dos estilos afectivos. Es decir, dos maneras de amar. Nadie ama igual, aunque la psicología reconoce algunos estilos en los que todos podemos más o menos identificarnos.

El estilo afectivo tiene mucho que ver con cómo hemos sido amados en nuestra más temprana infancia y en cuál ha sido nuestra respuesta, es decir, cómo hemos gestionado el apego. De eso se ocuparon hace ya unos años el psicólogo John Bowlby, además de Harry Harlow y posteriormente Mary Ainsworth. Dicha teoría del apego enfatiza la importancia del vínculo emocional que desarrolla el niño con sus padres o sus cuidadores de referencia. Distinguieron tres tipos de apego: el seguro, el inseguro y el ambivalente o evitativo.

Debut afectivo Primera relación amorosa, generalmente establecida en la adolescencia y que corresponde al primer noviazgo o primer amor.

David Mamet (1947) Dramaturgo, ensayista, guionista y director de cine norteamericano. Es más conocido como dramaturgo; ganó el Premio Pulitzer y una nominación a los premios Tony por su obra *Glengarry Glenn Ross* (1984). Como guionista ha recibido varias nominaciones al Oscar. Los libros de Mamet incluyen: *The Old Religion* (1997); *Five Cities of Refuge: Weekly Reflections on Genesis, Exodus, Leviticus, Numbers, and Deuteronomy* (2004), un comentario sobre la Torah con el rabino Lawrence Kushner; *The Wicked Son* (2006), un estudio del odio a sí mismo judío y el antisemitismo, y *Bambi vs. Godzilla*, un comentario sobre el negocio del cine.

Lin Yutang (1895-1976) Escritor chino. Sus obras y traducciones de textos clásicos chinos fueron muy populares en Occidente.

Nació en el suroeste de China, una región montañosa que lo influyó de tal forma que se consideraba hijo de las montañas. Su padre era un pastor cristiano.

Estudió en la universidad de Shanghái y obtuvo una beca para el doctorado en la Universidad de

Harvard. No obstante abandonó pronto Harvard para irse a Francia y finalmente a Alemania, donde se doctoró por la Universidad de Leipzig. De 1923 a 1926 enseñó literatura inglesa en la universidad de Shanghái.

El doctor Lin fue un gran activista para la expansión de la literatura china en Occidente. Además desarrolló un nuevo sistema para escribir chino con caracteres latinos y una nueva forma de indexar los caracteres del chino.

Friedrich Von Hayek (1899-1992) Premio Nobel de Economía en 1974. Filósofo, jurista y economista de la escuela austriaca. Ha sido uno de los grandes economistas del siglo xx y es considerado por muchos uno de los padres del liberalismo moderno. Ha sido también uno de los mayores críticos de la economía planificada y socialista, puesto que cree que conducen al totalitarismo y a la ausencia de la libertad para el desarrollo individual, como se sostiene en *Camino de servidumbre*. Su obra, que comprende unos 130 artículos y 25 libros, no se limita únicamente a la ciencia económica, sino que trata desde filosofía política hasta antropología jurídica o historia, y en general todo lo referente a las ciencias sociales.

Ludwig Wittgenstein (1889-1951) Filósofo, ingeniero, lingüista y lógico austriaco, luego nacionalizado británico. En vida publicó solamente un libro: el *Tractatus logico-philosophicus*, que influyó en gran medida a los positivistas lógicos del Círculo de Viena, movimiento del que nunca se consideró miembro. Tiempo después, el *Tractatus* fue severamente criticado por el propio Wittgenstein en *Los cuadernos azul y marrón* y en sus *Investigaciones filosóficas*, ambas obras póstumas. Fue discípulo de Bertrand Russell en el Trinity College de Cambridge, donde más tarde también él llegó a ser profesor.

Decálogo: Azul, Rojo, Blanco. Krzysztof Kieślowski (1941-1996) Director y guionista de cine polaco. El *Decálogo* de Kieślowski está inspirado en una pintura del Museo Nacional de Varsovia que describe en 10 pequeñas escenas los pecados contra cada uno de los mandamientos de Moisés. Representa en 10 películas cortas (aproximadamente de 55 minutos cada una) a distintos personajes que intentan luchar tenazmente contra las crisis morales causadas por la complejidad de la forma de vida posmoderna, y en este sentido del mundo poscristiano.

"

¿O cómo hablarse cada uno a sí mismo
cuando nada, cuando nadie ya habla,
cuando las estrellas y los rostros son secreciones
　　neutras
de un mundo que ha perdido
su memoria de un mundo.

—ROBERTO JUARROZ
"No tenemos un lenguaje para los finales"

Cuarta conversación

SERGIO Doctor, un rompimiento, una separación, una pérdida, lo que genera principalmente es dolor. Si no doliera no estaríamos ni platicando. Yo he oído dos versiones con respecto a la pérdida. Una vez le preguntaron a Leonard Cohen: "¿Cuándo se va el dolor de perder al ser amado?". Y contestó: "Nunca se va". Hay otra versión que usted me contó: después de un rompimiento espeluznante, un divorcio desgarrador, un amigo suyo estaba en Los Danzantes en Coyoacán, levantó su caballito de tequila, se lo tomó, volteó hacia la plaza, el mundo adquirió color otra vez y dijo: "Ya". ¿Las dos cosas son ciertas? ¿Cuándo se quita el dolor? Si alguien está comprando o leyendo nuestro libro es muy probable que le esté doliendo muchísimo haber perdido a alguien. ¿Se quita?, ¿cuándo se quita? Es decir, yo llego con el dedo fracturado y digo: ¿se me va a quitar el dolor?, ¿cuándo voy a poder utilizar el dedo? Ésas son las preguntas de urgencia. ¿Cuáles son las respuestas a esas urgencias?

MARIO Me impresiona mucho lo dicho por Leonard Cohen sobre que el dolor no se quita. Tiene razón, toda pérdida es dolorosa como lo es toda recreación o recuerdo sobre ella. Ahora que hemos estado en estas conversaciones hablando de mis rompimientos en noviazgos y matrimonios, sólo plantearlos me duele un poquito. ¿Querrá decir eso que en mí hay un muchachito de 16 años al que le sigue doliendo? Sí, claro, pero no de la misma manera en la que lo viví. Lo recuerdo con esta distancia que dan los años transcurridos, pero ciertamente hay una memoria dolorosa, una memoria del cuerpo o memoria emocional, que existe a nivel fisiológico o bioquímico.

SERGIO Bruce Springsteen tiene una metáfora, dice que la vida es como un automóvil al que tus nuevos *yos* o *yoes* se pueden subir, pero ninguno de los viejos se baja.

MARIO Exacto. A fin de cuentas todo está en archivo en el disco duro de este gran y cada vez menos misterioso cerebro que tenemos: el dolor de la pérdida nunca se va, se atenúa, se entiende de otra manera, se puede recrear y no te saca totalmente de balance pero, de alguna manera, ahí está ese dolor de la ruptura por separación, por divorcio, especialmente doloroso por muerte, y digo "especialmente" porque cuando muere uno de los miembros de una pareja que en verdad lo es, el gran amor de la vida de esos seres luminosos que se aman y que han superado muchas cosas y son uno, parejas excepcionales, pero que existen, el otro muere y el golpe es absolutamente devastador. En esos amores excepcionales, que parecen ser lo que todos desearíamos, hay una especie de fórmula muy impresionante y paradójica: el gran amor es igual a la gran pérdida y al gran dolor.

En la bibliografía anglosajona sobre el tema de la viudez se habla de los *grief bursts*: "golpes o erupciones de duelo". Aquí me podrías ayudar un poco con las traducciones porque en inglés tenemos *grief* y *mourn*, términos que tienen una traducción compleja y que pueden ser como los duelos privado y público respectivamente: *grief*, 'la pena y el dolor que uno siente internamente', y *mourn* 'la manifestación de esto mismo pero de manera pública', como funeral, sepelio, luto en la ropa o los moños negros en la casa. En castellano le decimos duelo o pena a las dos cosas y se acabó; para la gente en México, duelo por pérdida lo es especialmente por muerte. Bueno, estos "golpes de duelo" son estados agudísimos de dolor en que la persona, literalmente, aúlla, grita de dolor, se lamenta del dolor emocional que le provoca la pérdida, son desquiciantes y atormentadores, y estando en ellos la gente no funciona casi para nada; ésa es la mala noticia; la buena es que disminuyen, se ponen en orden, no son tan terriblemente desquiciantes, se atenúan y es sobre ellos, sus desencadenantes y atenuantes, que hay que trabajar en serio.

Todas las teorías que hemos visto que hablan de un "trabajo de duelo" a final de cuentas no lo trabajan en realidad, todos llegan a la misma conclusión: se debe dejar pasar, con el tiempo pasará el dolor. Ésta es una postura muy poco útil de *laissez faire, laissez passer*, 'dejar hacer, dejar pasar' y, básicamente, no hacer nada. Afortunadamente hay autores serios y contemporáneos que dicen que no, que efectivamente hay que "trabajarle", en el sentido de reconstruir, resignificar, acomodar la historia de la ruptura de la pareja en

una narrativa personal que te permita seguir viviendo. En todas las situaciones de pérdida y particularmente en el caso de pérdida por muerte de la pareja "ideal", por la enseñanza que dejan, habrá que reconstruirla, reescribirla, porque literalmente te arrancan la vida, te carga la chingada, pues. Y tienes que reconstruirte; de otra manera te mueres física o, peor, psíquicamente.

Es lo que plantea Bob Neimeyer: esta telaraña que es el mundo y la vida de uno está fijada, "colgada", de varios puntos, uno de ellos grande y más o menos sólido, es la pareja, de donde está pegada y colgando gran parte de la telaraña. Quitas ese punto de conexión y la vida y tu mundo, tu telaraña, se colapsan.

Y como arañita tienes que volver a tejer tu red agarrada de otros puntos, porque el otro ya no está más. Tienes que recrear la imagen del otro en ti, ésa es la "empresa" en que te tienes que meter con la finalidad de poder seguir viviendo, y no solamente vivir sino vivir bien; es decir, "alimentarte" del recuerdo del otro, sin tanto dolor o con un dolor propio de lo que has perdido: alguien a quien querías o amabas muchísimo, ¿cómo se te va a quitar el dolor así nomás?

Estamos hablando de este dolor tan fuerte, propio de la pérdida por muerte de tu pareja de verdad, de tu pareja "en serio", de una relación total. Hay gente que no lo supera y no es porque esté defectuoso ni nada, es que no puede o no quiere vivir, y por diferentes razones no se mata, pero "medio vive" a partir de ahí. Hay seres que no son tan resistentes como mi amigo, que tenía una vida antes y después del temblor, que tienen la capacidad, el medio ambiente, la red social o las vivencias personales que les permiten volver a vivir, cosa que me parece verdaderamente admirable.

SERGIO Lo cual no quiere decir que el suicidio, tras una pérdida así, no hubiera sido entendible.

MARIO En absoluto. Un suicidio muy publicitado, porque era un prestigiado psicoanalista y autor de interesantes y valiosos libros, fue el de Bruno Bettelheim. Se suicidó a los 80 y tantos años porque tenía cáncer hasta en las pestañas y sabía lo que le iba a pasar, entonces el hombre decide no llegar a ese punto y se acabó. Me parece muy respetable que lo haya hecho, incluso si hubiera tenido 40 años menos. Lo dramático e interesante es lo que les pasa a los deudos de los suicidas, que toco ahora de pasadita: lo que les pasa es que el suicidio es incomprensible. Concebir que te destruyas, que te des un balazo o te tires del octavo piso, en abstracto, se puede aceptar, pero meterte en los zapatos del suicida y jalarle a la pistola calibre 45 que tienes metida en la boca es muy diferente. En principio no se entiende. Para seguirle con la dificultad de comprender para los deudos del suicida, éste pudo haber mandado señales, o no, de que se iba a matar; si mandó señales y no fueron captadas, lo que va a darse es una enorme culpa que salpica para todos lados: "¿por qué no hablé con él, por qué no le dije, por qué no esto, por qué no lo otro?". La elaboración del acto suicida, de lo que hizo ese señor o señora que se mata, es una cosa aún menos comprensible en los adolescentes llenos de vida; el futuro los espera, no como el suicida Bettelheim, ya viejito. Todos los suicidios tienen que pasar por la comprensión de las características particulares de cada suicida, para empezar nos suicidamos más los hombres que las mujeres, y el suicidio masculino es más violento que el de las mujeres.

SERGIO La finalidad del médico es que la gente esté mejor. ¿Podríamos considerar que, a veces, el suicidio es estar mejor?

MARIO Mira, el suicidio es muy interesante e importante como tema profesional y filosófico. El suicida lo que hace con su acto es decir la última palabra, y lo que está dando a entender con su acto es: "así como están las cosas no quiero seguir y entonces paro, me doy de baja del planeta, de la vida". Digamos que sería el último acto de congruencia personal, aunque esa congruencia pudiera considerarse como psicótica; muchos psicóticos son personas que están fuera de la "realidad", entendiendo la "realidad" como un concepto consensual: la realidad es lo que la mayor parte de la gente cree que es. Por ejemplo: estamos de acuerdo tú y yo, este grupo mínimo de gente, que éste es un consultorio en el octavo piso en la avenida Insurgentes y con ciertas características; ni tú ni yo pensamos que éste es un búnker que nos cubre de los rayos cósmicos. Si así lo pensara alguno de nosotros dos, sería un psicótico. Si yo pensara eso y que los rayos cósmicos están por penetrar en este búnker porque el temblor de anteayer provocó desarreglos siderales, y antes de morir quemado por el rayo cósmico y en medio de horribles dolores prefiero suicidarme tirándome de la ventana… En este sentido sería yo congruente, pero, visto desde fuera, estoy más loco que una cabra, y visto desde el punto de la congruencia, el acto del suicida es muy comprensible: se puede uno tirar por la ventana, no en abstracto, sino en los hechos. Creo entonces que el suicida tiene un acto final, verdaderamente final, de congruencia: dice la última palabra. No ve otra salida a lo que está viviendo o no ve otra forma, más que dejar de vivir... y eso da una gran libertad, como decía Cioran: uno se puede bajar de este carrusel al momento que guste o que quiera. Él decía que la posibilidad del suicidio siempre le había permitido vivir, y eso es totalmente real. Sin embargo, no por nada la mayoría de las religiones no permite el suicidio. No eres tú quien se puede quitar la vida, es el creador; vamos, para los creyentes sería un acto de total arrogancia decir: "es mi vida, la tomo en mis manos y a la chingada"; todas las religiones van en contra de eso porque les quita el control sobre la vida de sus fieles, nada más y nada menos. Esta cosa de los japoneses es muy extraña porque ahí sí se vale, cuando se ha perdido el honor. Se vale pero no para todo el mundo, creo que sólo los nobles o los samuráis, no cualquier charro tiene la posibilidad de suicidarse de esa manera tan honrosa y honorable, el *seppuku* o *hara-kiri* tradicional, ceremonial, japonés. A mí me parece un tema sumamente interesante, como decía Camus: el único tema filosófico es si te suicidas o no.

SERGIO "El único problema filosófico importante es el suicidio", decía.

MARIO Si vivo, ¿cómo voy a vivir? Y si no vivo, ¿por qué no quiero vivir? Y hasta ahí llegamos. Esto me parece muy interesante y muy respetable, pero produce unos efectos bárbaros, terriblemente dolorosos, en los deudos y, además, es como dar permiso para matarse, porque sabrás que hay familias de suicidas, si se suicidó el abuelo y luego el padre, es más probable que el hijo lo haga.

SERGIO Bueno, yo conozco un caso de un hombre que se suicidó al cumplir 40 años y su hijo también se suicidó en su cumpleaños 40.

MARIO Lo que estamos diciendo en este momento plantea, y también a lo largo de todas estas conversaciones, una necesaria toma de posición filosófica y así, en un plano declaratorio de principios, podría decir que me ubico como un existencialista "laico", en el sentido de que tengo la convicción de que son mis actos, buenos o malos éticamente, los que definen mi existencia, o que mi existencia se deriva de mis actos: soy lo que hago, son mis acciones las que me definen y, para hacerlo, necesito tener una cierta coherencia para que mi existencia sea plena. Ése sería, básicamente, mi punto de vista. No creo, evidentemente, ni en creadores, ni en dioses, ni en religiones oficiales ni en muchas otras cosas.

SERGIO Ahorita me quedé pensando si alguien ultraconservador que lea esto dirá: "claro, por eso se suicidó mi hija, porque leyó este párrafo": ¿qué le diría?

MARIO Que le agradezco que nos otorgue ese poder. ¡Qué poderosos somos para que lo que decimos o escribimos provoque un suicidio! Ni que fuéramos tan importantes. No quiero ese poder que esa hipotética persona ultraconservadora me quiere dar para eludir su responsabilidad en el suicidio de su hija.

SERGIO Pero retomemos lo que nos concierne, que es la pérdida de la pareja. Independientemente de estas parejas modelo de las que hablábamos, hay gente que en estos momentos debe estar considerando el suicidio porque acaba de divorciarse, o porque encontró a su esposo o esposa en la cama con su mejor amigo. ¿Ese suicidio vale la pena? No nos está pasando ni a usted ni a mí, y desde afuera me parece francamente ridículo. Pero ¿qué me puede decir al respecto?

MARIO Híjole, claro, la gente que ha pasado por un divorcio, sobre todo el abandonado que no quería divorciarse o no lo consideró, en el momento agudo de la notificación de "Me quiero divorciar" por la circunstancia que sea, y más allá de la sorpresa o la negación, no es infrecuente que diga: "Pero ¿cómo?, me pidió el divorcio de la nada, ¿cómo se le ocurre si estamos bien?". Por supuesto siempre hay datos, señales previas y lo que pasa es que el otro simplemente se nos adelantó…, pero en fin, siempre hay dolor de mayor o menor magnitud. Puede ser un dolor brutal porque con lo que nos confronta la ruptura por divorcio es con el abandono y con la pérdida de la identidad como persona o miembro de una sociedad o de un grupo o de todo un mundo, el mundo que se lleva consigo el que se va, el que nos deja o, más frecuentemente, para el caso de los varones, un mundo que conserva el que se queda. Me explico: si tu mujer plantea, sobre todo si tienen hijos: "Pues mira, muñequito, quisiera que nos divorciáramos", el que se va ir generalmente vas a ser tú, el varón, aunque no seas quien está promoviendo el divorcio, y esto entraña una injusticia.

99 Well, the first few years weren't all that bad.
I'll never forget the good times we had,
'Cause I'm reminded every month when I send
Her the child support.
Well, it wasn't too long till the lust all died.

And I'll admit I wasn't too surprised,
The day I came home and found my suitcase
   sittin' out on the porch.
Well, I tried to get in, she changed the lock.
Then I found this note taped on the mailbox
   that said,
"Goodbye, turkey. My attorney will be in touch."
So I decided right then and there I was gonna
   do what's right
Give 'er her fair share but, brother,
I didn't know her share was gonna be that much.

She got the goldmine, (She got the goldmine,)
I got the shaft. (I got the shaft.)
They split it right down the middle,
And then they give her the better half.
Well, it all sounds sorta funny,
But it hurts too much to laugh.
She got the goldmine, I got the shaft.

—JIMMY REED, "She got the goldmine
(I Got The Shaft)"

Lo he visto en consulta: la señora plantea el divorcio, quien se va es el señor, el que tiene que armar
todo el desmadre es él, el que se queda sin hijos, sin
nada, es él, porque el lugar de una madre, como lo
demuestran 400 películas de Marga López y Sara
García, es al lado de sus hijos y en su casa, porque
la casa es de los niños; lo cual es cierto, pero, vamos, es muy complejo el tema para este varón que
se va, sobre todo si es una buena persona y no se
están divorciando de él porque sea un desastre. El
dolor de una gente en esas condiciones es atroz o

puede serlo, y creo que piensa, lo he visto: "no me voy a matar, pero como que no estaría mal morir para que esta cabrona vea lo que causó", en una especie de revancha cruel.

A veces no hay esto, sino simplemente un dolor brutal, pero déjame que te diga que siempre, en mi experiencia dentro y fuera de consultorio, estas personas que en su momento decían: "me voy a matar o quisiera morir para no sentir esto", seis meses después, ocho meses después, típicamente se dicen a sí mismas y a nosotros: "pero que imbécil, cómo se me ocurrió querer matarme porque me dejó".

SERGIO ¿Incluso quien sí lo intenta y se toma varios frascos de pastillas?

MARIO A toro pasado, la mayoría de la gente cree que fue una pendejada, una locura transitoria haber pensado en matarse. Hay que recordar, ya que estamos entrando de lleno al tema del divorcio, que, como dice un doctor experto llamado Don Granvold: "El divorcio es, básicamente, un proceso caracterizado por crisis intermitentes e interminables", es decir, es un proceso que va de crisis en crisis, en el sentido de tener que negociar un montón de cosas: "ok, nos vamos a divorciar ¿por qué, para qué y qué va a seguir de ahí?"; y si hay hijos tienes que negociar 20 000 asuntos, es algo verdaderamente complejo y caracterizado, como dice Granvold, por crisis intermitentes a lo largo de años. En un divorcio, bueno o malo, tienes que estar, necesariamente, negociando con frecuencia si hay hijos, si no los hay no hay mucho que tengas que ver con tu expareja y quizás lo único que tengas que negociar sean los temas, muuuy importantes, de tipo económico, de dineros y posesiones, que finalmente se traducen en plata, pues. Ahora, ¿por qué la gente se divorcia? Ésa es *la* pregunta clave. Creo que las parejas...

SERGIO Perdón. ¿Por qué se separan las parejas y por qué se separan los novios, son dos cosas diferentes?

MARIO Son dos cosas diferentes.

SERGIO Ok. ¿Por qué se divorcian las parejas?

99 Creo que la única manera de evitar el divorcio es evitar el matrimonio.

—WILL RODGERS

MARIO Bueno, para que haya un divorcio debe haber, obviamente, un matrimonio, aunque en la actualidad mucha gente no está casada pero tienen que llegar a un acuerdo si hay hijos y a veces aun sin tenerlos. **¿Por qué se divorcian las personas?, mira, todo matrimonio tiene crisis, que uno podría llamar crisis "fisiológicas", crisis de desarrollo. Si tú conceptualizas a la pareja como si fuera una entidad viva, que lo es, te darás cuenta también de que el proceso de estar en pareja es algo más allá de él o de ella: es lo que hacen entre los dos, el vínculo que los une, el patrón de comportamiento entre ambos, que requiere cooperación mutua.**
Te puedes imaginar este patrón como una danza: a un movimiento o paso de uno de los dos se sigue, en sincronía, palabra clave, el paso correspondiente del otro: cada uno de ellos se acomoda al otro. La lucha también requiere coordinación mutua pero en el sentido de oponerse al

movimiento del otro, de nuevo en total sincronía. Aquí estoy ejemplificando dos patrones que exigen cooperación o coordinación, uno de ellos lindo y el otro de pesadilla, pero lo que quiero decir es que, para quererse bonito o para odiarse con locura, se requiere cooperación mutua.

Este complejo proceso tiene una gestación, tiene un nacimiento, una infancia, una adolescencia, tiene juventud, adultez, vejez y muerte. Hay varios libros sobre el ciclo de la pareja. Yo mismo escribí hace ya varios años, por ahí de 1994, un capítulo sobre el tema en una voluminosa obra, tres gordos volúmenes sobre la sexualidad humana, incursionando en las cosas que ocurren con parejas "niñas", tiernitas, que no van a ocurrir con parejas adolescentes, rebeldes y aceleradas, ni con parejas adultas, quizás un poco aburridonas por rutinarias; dicho de otra manera, una pareja niña no hace ciertas cosas que sí hace una pareja más adulta, digamos. Muchas broncas —las más importantes— de la pareja tienen que ver con que no madura ni evoluciona, en consecuencia no se desarrolla porque se queda atorada en una etapa.

SERGIO En una pareja niña podemos estar hablando de unas personas de 50 años que llevan seis meses. No tiene que ver con la edad de los integrantes sino con la edad de la pareja.

MARIO Exacto, con el desarrollo de la pareja. Una cosa es crecer, acumular años, y otra es desarrollarse. Yo no crecí mucho, mido 1.70 metros y me estoy encogiendo, pero creo que me he desarrollado psicológicamente, eso espero. Así las cosas, pueden existir, con más frecuencia de lo que pudieras imaginar, parejas que tienen 30 años de casados y nunca han pasado de la primera etapa: son parejas niñas.

SERGIO ¿Hay entonces muchas parejas que no funcionan porque no avanzan?

99 Idiot wind, blowing through the buttons
    of our coats
Blowing through the letters that we wrote
Idiot wind, blowing through the dust upon
    our shelves
We're idiots, babe
It's a wonder we can even feed ourselves

—BOB DYLAN, "Idiot Wind"

MARIO Una pareja tiene que cumplir ciertas tareas, se les llama "tareas del desarrollo", al igual que un ser humano: un bebito primero gatea y después se para, después camina y después corre. Una pareja se casa pero sigue dependiendo emocional o económicamente de los padres de ambos, por ejemplo, y con el tiempo esto debe de cambiar, la pareja debe tener autosuficiencia, debe tener independencia y autonomía, debe tener límites, debe adquirir una serie de características en su desarrollo. Se entiende que una pareja de jóvenes muy jóvenes, Juanito y Paquita, 24 años ambos, se casaron, se fueron a hacer su maestría al extranjero, regresan y durante seis meses tendrán que vivir en la casa de los padres mientras encuentran una casa adecuada o en lo que terminan de acondicionar su departamento, cosa que ya no sería tan entendible si una pareja tiene 10 años de casada y sigue esperando que le entreguen la casa, o que nunca han tenido un domicilio propio y viven en la casa de alguno de los padres o de alguien más.

Si es así, eso implica que tienen poco desarrollo. Es como si fuera un retraso mental o emocional, lo cual no quiere decir que sea una pareja infeliz, no necesariamente, pero es lo más probable: no ha tenido desarrollo, ni evolución ni cambio. Igual que un niño entra en crisis cuando va al kínder, pues una pareja entra en crisis cuando se acabó la luna de miel y ahora tienen que trabajar, la señora se tiene que quedar en casa, típicamente, o simplemente los dos se van a trabajar y ya no son esos novios que se veían en la tarde cada cuatro días, ahora duermen juntos y van a un mundo de trabajo, retornan a casa o tienen compromisos sociales. Eso se puede parecer a cuando uno va al kínder, hay ansiedad, hay tensión. La pareja tiene la necesidad de saber cómo funciona todo esto y cómo empieza a cambiar la percepción de, por ejemplo, las relaciones sexuales, que ahora pueden ser menos intensas e infrecuentes. Puede ocurrir que lo que alimentaba a una pareja era la pasión-como-alimento; resulta que ahora tienen que trabajar mucho para pagar el préstamo para el departamento, la pasión no es la misma y este nutriente escasea, la pareja empieza a estar un poquito hambrienta y necesitada y ya no puede cumplir con ciertas formas, seducción, cortesía, que cumplía antes, porque tiene menos energía para ello; todo eso lleva a un desequilibrio y se provoca una crisis en la que la pareja tendrá que redefinir su posición uno frente al otro y plantear qué hacer para dar respuesta a sus necesidades: eso es una crisis fisiológica, producto del desarrollo normal de cada pareja.

Ahora bien, lo complejo es que en cada una de esas crisis se tiene que reconstruir la imagen del otro o construir una imagen diferente: "esta novia mía tan encantadora, nos amábamos tanto…, ahora ya terminó su residencia y resulta que la señora es una fenomenal cirujana y tiene más compromisos y demanda profesional que el presidente". ¿Cómo reconstruir esa imagen de la novia dulce y encantadora?, porque "ahora es una perra egoísta que lo único que le interesa es su imagen o su pinche carrera". O estoy casado con una mujer muy brillante con un compromiso profesional muy importante y vamos a ver si puedo con él o cómo me ubico yo con esta señora. O resulta que el brillante soy yo o los dos, pero en diferente momento o en diferentes situaciones. O mi pareja siempre quiso hacer el amor conmigo, siempre de los siempres y resulta que ahora no, ahora pura frialdad, indiferencia y migraña… ¿Cómo habré de reconstruirme y replantearme frente a ella?

Cuando una pareja llega al momento en el cual las crisis ya no producen una reconstrucción del otro y este otro se convierte en decepcionante de manera irreversible, ésta es la palabrita clave, *irreversible*, las cosas están en un punto crítico, y transitar de ahí al divorcio sólo es cuestión de tiempo. Dicho de otra manera: ya no hay posibilidad de que alguno de los dos, o los dos, deje de ser decepcionante. En ese momento se planta la semillota del divorcio. **La gente se divorcia cuando el otro es decepcionante y haga lo que haga no cambia mi percepción de él o de ella: él es un pendejo, ella es una perra fría, y lo único que me produce es dolor. Esta decepción es más mortífera para la relación cuando es mutua.**

SERGIO Me viene a la mente *Una chica cualquiera*, una novela de Arthur Miller acerca de una mujer que está casada con un comunista. La decepción última llega con José Stalin, es un tirano indefendible y el marido de esta mujer sigue solapando sus crímenes. Ella se decepciona para siempre y lo deja, para luego conocer al amor de su vida.

MARIO Hay que tomar en cuenta que el otro en la pareja es como un espejo que me dice quién soy, si resulta que ese espejo es una basura yo también lo soy, ya que lo escogí, lo amé y vivo con él.

Este sujeto que sigue defendiendo a Stalin, con todo lo que ello implica, resulta que es un necio, un estúpido, y lo que me empieza a reflejar él es que entonces la estúpida soy yo y tengo que salirme de esa relación para que esa imagen de mí misma vuelva a ser aceptable. Entonces termino con él o termino con la relación porque no me da un apoyo para el desarrollo de mi identidad, más bien me limita, me constriñe me deforma irreversiblemente... y llega a un punto en que este defensor de Stalin, en el momento de la decepción, ya no puede regresar, haga lo que haga, todo resulta una falsedad, son parches a la relación que la dejan en un estado de fragilidad terrible y no reversible, es como estos procesos de entropía o incremento del caos, e incremento de insatisfacción en diferentes niveles.

SERGIO Si una pareja es el espejo de uno, el momento de la decepción llega cuando ese espejo se convierte en uno de ésos de feria que lo hacen ver a uno deforme y uno tiene que deshacerse de ese espejo para hacerse de una imagen propia, aceptable, para soportarse uno mismo.

99 How could I have been so mistaken
How could I think that it was true
A child that is raised by an idiot
And that idiot then becomes you
How could I believe in a movie
How could I believe in a book
But most of all how could I listen to you
Such an obvious schmuck
A life spent listening to assholes
It's funny but it's true
So get rid of them I said to myself
But first I'm-I'm getting rid of you

—Lou Reed, "Trade In"

Mario Ahí está la problemática más relevante en las relaciones de pareja, por ello es fundamental que
la pareja misma sepa o determine, con la ayuda
de unos buenos amigos o de un terapeuta, si está
transitando por una crisis fisiológica severa, o si
ya está a punto de una crisis irreversible, porque
puede haber confusiones.

O sea, que tú te pongas como loco, o yo, porque después de seis meses de matrimonio el erotismo y el sexo no son lo mismo y entonces dices:
"hasta aquí llegué y me divorcio", sería precipi-
tado. Es una crisis fisiológica, normal dentro del
proceso mismo de vivir como par, tienes que re-
plantearte o renegociar en algún plano cómo dar
satisfacción al plano del erotismo.

Sergio ¿La palabra *fisiológica* la está planteando como
metáfora o literalmente?

Mario Por *fisiológica* quiero decir normal; este lenguaje es producto de mi deformación como médico

puede ser o es confuso. Me explico y te explico: una crisis fisiológica o normal, ambos términos son lo mismo, es típica cuando las niñas y los niños pubertos tienen su primera regla o su primer sueño húmedo que te indica la madurez de los órganos sexuales, es una crisis en cuanto a que ya no son unos niños y están en tránsito hacia otra etapa: la adolescencia, en la que tiene que reajustarse una serie de cosas. Es una crisis normal en tanto implica la necesidad de un cambio hacia una etapa más compleja. En el matrimonio pasa lo mismo; hay crisis normales, hay problemas normales, el asunto es hasta dónde lo son porque hay mucha gente que se divorcia antes de tiempo, mucha, y hay también mucha gente a la que se le pasa la faena: debió divorciarse antes. En mi experiencia las personas, la mitad de las veces aproximadamente, se divorcian antes de tiempo, prematuramente.

SERGIO En su experiencia como terapeuta de pareja de 20 o 30 años.

MARIO Se desesperan y se aceleran, entran en procesos muy destructivos de ofensas mutuas, ahí se vuelven irreversiblemente decepcionantes y una vez echada a andar la maquinaria de "vamos a divorciarnos" es difícil dar marcha atrás.

SERGIO ¿Y cuál es el resultado de divorciarse prematuramente?

MARIO Que el proceso va ser muy incompleto, inmaduro, inadecuado. Vaya aquí una anécdota que espero sea ilustrativa: cuando yo tenía nueve años hice un cuarto año de primaria excepcional en el sentido de que saqué muy buenas calificaciones, puros dieces, y alguno de mis maestros propuso que me pasaran no a quinto año sino a sexto; por supuesto que yo quería terminar la primaria y me sentía un genio, pero alguien más tuvo la sensatez de decir: "no, si te adelantas a sexto año no va a ser el plan académico lo difícil, sino estos muchachitos de 11, 12 o 13 años que son una bola de cabrones y tú eres un niño de 10 y te la vas a pasar mal". Tenía toda la razón: yo no tenía la madurez psicológica suficiente para alternar con chicos de mayor edad, prepúberes o francamente pubertos, me iban a hacer garras.

SERGIO Entonces el proceso de divorcio es excesivamente doloroso si ocurre antes de tiempo.

99 Un divorcio civilizado es una contradicción de términos.

—DANNY DEVITO *La guerra de los Rose*

MARIO Puede distorsionarse algo que pudiera ser más terso o, incluso, replantearse la relación. Las relaciones pueden terminar con gracia, con elegancia, cuando las tareas del desarrollo de ambos cónyuges se han completado, pero cuando esta completitud no es simultánea la ruptura es o puede ser especialmente dolorosa. Si tú has completado tus tareas y tu pareja no, ahí va a comenzar tu sentimiento de culpa al dejarlo o dejarla. Es de vital importancia recordar que tú no puedes hacer que la otra persona complete las suyas, ésa es su propia responsabilidad, ése es su problema.

Una relación puede continuar sólo si los miembros de la pareja están en paralelo o similarmente enfocados en su proceso de desarrollo individual. Cuando uno de ellos quiere cambiar la agenda y el otro prefiere el *status quo*, hay problemas.

Y aquí entra algo interesante y es que hay buenos divorcios, buenos en el sentido de bien hechos, bien trabajados, más o menos aceptados por ambos porque en el divorcio el que no se quiere divorciar la tiene más difícil y no se trata de convencerlo como terapeuta o que lo convenza el marido o la esposa, se trata de que lo acepte sin demasiado —más de lo suficiente, dice el diccionario— dolor. No se va a convencer, o será conforme pase el tiempo o vea la inutilidad de seguir invirtiendo emocionalmente en una relación que ya no lo es en tanto uno de los dos, el que instiga o provoca el divorcio, ya no la desea. Pero se trata de que sea un proceso "acompañado" en el que quien busca o promueve el divorcio tendría la obligación o el "deber", vamos a llamarlo así, de acompañar al otro hasta donde le sea posible, de explicarse y explicarle, pero no demasiado porque la cosa es en serio, se requiere, más que nunca, ser firme.

SERGIO De hecho, cuando dice eso de acompañado me da vértigo, porque si yo no me quiero divorciar y la otra está ahí, pues me puede hacer creer que todavía tengo chance, y al revés, yo estar ahí acompañando a alguien con quien ya no quiero estar y me da pavor.

MARIO Ahí es donde entra esta especie de guía que estamos platicando, que no pretendo que sea exclusivamente de los terapeutas, digamos que es o puede ser una guía de los mayores, de aquellos con más experiencia y más edad, que pudiera ayudar a una pareja o facilitarles un poco el camino.

Claro, podría decirse que es un asunto muy privado como para que alguien se meta; sí y no, el divorcio es un proceso muy importante, va a determinar cómo quedarán afectivamente esas dos personas y sus hijos, de haberlos, y por lo tanto creo que como sociedad habría que cuidar, facilitar y dar apoyo a los participantes en el proceso del divorcio. Esto no quiere decir que uno pretenda salvar a toda costa la relación al estilo de los curas que, por cierto ¡no son casados, ni lo mande Dios o el papa! y no tienen, supuestamente, experiencia en el tema.

Me refiero, más bien, a facilitar estos procesos como sociedad. Al grado de, por ejemplo, permitirnos decir: "oye, Juanito ¿estás acompañando a tu mujer en un proceso que para ella es particularmente difícil?", eso quiere decir: "¿estás dispuesto a hablar con ella y a darle explicaciones y a decirle lo que esperas y quieres pero cuatro veces, no más, dos meses cuando mucho, no más?". Ayudarle, acompañarla o acompañarlo, pero con ciertas acotaciones y límites de tiempo.

SERGIO Porque recuerdo una vez más en *Escenas de un matrimonio*, Erland Joshepson quiere ir y Liv Ullman le dice: "quédate, quédate a dormir y en la mañana te vas." No creo que alguien en esa posición deba aceptar quedarse, y eso no quiere decir que no esté dispuesto a acompañar.

MARIO Hay límites, por supuesto, pero al pobre o a la pobre ciudadana que están intentando mandar por un tubo también habría que hacerle entender, cosa difícil y dolorosa, que no es bueno para él o ella que el otro acceda a sus pretensiones y se quede a dormir porque "es tarde y hace frío, afuera llueve y me siento tan sola o solo". Claro, ésa es la labor de un terapeuta o de los buenos amigos, que habrían de decir: "sabes qué, esto no te conviene, no te conviene que él o ella se queden a dormir", o "bueno, pero vamos a hacer el amor por última vez, de despedida". Le diríamos: "no, no, no, te va a doler más, no". No tendríamos que elaborar una normativa, porque cada uno maneja las cosas como quiere o puede, pero sí dar a conocer principios generales, de límites, de respeto. Creo que esto haría que la gente se divorciase con menos dificultad de la que ya implica.

SERGIO En mi experiencia, a la hora de terminar una relación, cuando le digo que me da vértigo es porque las mujeres que me han tocado, a la hora del rompimiento no juegan limpio, es decir: plantean un ayúdame, un acompáñame y no es cierto, es un engatusamiento para volver. Entonces ¿cómo lo distingue uno? A veces ellas mismas no son capaces de distinguirlo.

MARIO Hay que saber cómo dejar ir, precisamente. Creo que la gente tiene todo el derecho de luchar por una relación, y es cierto que mucha gente no juega limpio, efectivamente, ni la gente a la que dejan ni quien se va.

SERGIO Claro, yo hablé por mi experiencia personal.

MARIO Ahora que lo mencionas yo te he hablado de varios rompimientos personales: uno bastante bueno con la famosa niña Ida, otro no muy bueno con la tal Magui, un planteamiento de divorcio muy sensato y gentil de la persona con la que estuve casado la primera vez y un segundo proceso muy desafortunado, un segundo divorcio muy mal elaborado, a pesar de haber consultado terapeutas de pareja prestigiadísimos, a pesar de que yo mismo lo soy, a pesar de que la mujer con la que estaba yo casado es una persona muy brillante, dedicada al área de las ciencias de la conducta, a pesar de todo ello fue muy desaseado, poco elegante, fraudulento en algunos aspectos. Por supuesto no creo haber merecido ese tipo de proceso, es mi versión, aunque de seguro en algún aspecto sí me lo merecía, y también es cierto que en esta vida hay cosas injustas. "La vida es cualquier cosa, doctor, menos justa"…, me decía mi terapeuta cuando yo estaba en pleno dolor, eso me decía aquel caballero gentil y sabio, me sonreía y me decía, lo recuerdo perfectamente: "Mi estimado doctor, la vida es cualquier cosa menos justa. Le tocó a usted que se lo madrearan y bueno, ni hablar, qué va una a hacer, no sabemos las motivaciones de la otra persona ni cómo ni por qué hace lo que está haciendo y de todos modos le tocó a usted la parte difícil, el abandono, y ni modo".

Si hay trampas y engatusamientos creo que son producto de la ignorancia sobre el proceso. Ni siquiera yo sabía cómo dejar ir…, con todos mis años de experiencia atendiendo parejas. Me ganó la arrogancia de decir yo sí puedo… y pues no podía y no supe buscar la ayuda adecuada en el momento preciso por mi ignorancia… y la del destacado terapeuta que nos atendió. A veces la terapia prolonga una relación que debió terminar antes.

Pero también es cierto que, a veces, hay mala fe: cuando la persona sabía desde que se casó que su matrimonio no iba a funcionar.

SERGIO Me consta. He oído decir a algunas personas: "Cuando yo me divorcie de éste", antes de casarse y eso me parece verdaderamente atroz.

MARIO La típica historia de ascenso social vía matrimonio, o de explotación del cónyuge, económica y sexual, por decir algo, o todas estas cosas espantosas que planteabas en el libro anterior, esta po-

lítica de "es mejor que lo quieran a uno que querer. Vaya mentalidad mezquina.

SERGIO Es muy mezquino: "me quiere, me perdona todo.
Sigo con él o ella aunque no haya amor. Ya me di-
vorciaré cuando encuentre algo mejor".

MARIO Te comento ahora, me parece fundamental, que el
matrimonio se mueve en tres áreas donde se presentan la mayoría de los conflictos y problemas
que, dependiendo del grado de desarrollo y diferenciación de los cónyuges, se podrán resolver o
no y llevar a un divorcio: el área de la intimidad,
lo que quiere decir: "qué tan cerca nos sentimos
emocionalmente uno del otro" y que, habitualmente, se traduce en un buen erotismo compartido, satisfactorio. Te aclaro que no es índice de
tener una buena intimidad el sólo tener un erotismo satisfactorio; quiero decir con esto que hay
parejas que tienen una relación erótica espectacu-
lar, son buenísimos en la cama, pero es lo único
que tienen, lo demás es un desastre: se pelean para
reconciliarse en la cama y continuar con una mala
relación que no se resuelve para bien o para mal.

Otra área es la del poder: quién manda y en
qué. El poder debe estar balanceado y ser equitativo, repartido por áreas bien negociadas. Vamos a ver luchas de poder cuando tú te metes en
algo que es área de tu mujer, quiero decir algo así
como: si tú aportas la mayor cantidad de dinero,
eso te da un poder de decisión sobre la economía
pero no te "autoriza" a hablarle a gritos a tu com-
pañera quien, por su parte, tiene un área de poder
que puede ser la casa, cómo está decorada, qué se
requiere para su mantenimiento, por ejemplo, y
eso le da derecho de limitar tu capacidad de decisión a ese nivel. Teóricamente, si están bien nego-

ciadas las áreas de poder no hay problemas, malo si invades el área de decisión de ella y te da por cambiar los muebles o ella comienza a manejar el dinero sin consultarte.

Otra área es la de los límites, los límites del territorio que los cónyuges, sólo ellos, comparten de manera exclusiva. Podría decir que la mayor transgresión de límites sería el tener un o una amante: cuando algo a lo que solamente los cónyuges tienen acceso, el cuerpo y los genitales del otro, es compartido con alguien más. Esto sería una ruptura completa de límites, sobre todo para una pareja que considera que la fidelidad es indispensable y absoluta. Sin embargo, hay matrimonios y parejas que piensan diferente.

SERGIO Hay parejas que tienen amantes de mutuo acuerdo.

MARIO Ahí no habría ningún problema, teóricamente al menos; en los hechos las cosas no son tan sencillas.

SERGIO ¿Usted ha conocido a alguna pareja que sí funcione así, que funcione realmente?

MARIO No, aunque sí funcionaron a mediano plazo. Las parejas de *swingers,* que de hecho ha sido un experimento social muy interesante en Estados Unidos desde los sesenta o los setenta; más reciente fue lo del poliamor famoso, neologismo que significa tener más de una relación íntima, amorosa, sexual y duradera, de manera simultánea con varias personas con el pleno consentimiento y conocimiento de todos los amores involucrados. El individuo que se considera a sí mismo emocionalmente capaz de tales relaciones se define como "poliamoroso", yo diría "polierótico". Pero esos experimentos han fallado, al final la gente termina por enredarse o involucrarse emocionalmente con alguien más y esto lleva al desastre. No es cierto eso de "a mí no me importa y no me afecta", por lo menos no lo es en una cultura celosa y posesiva como la nuestra. Quizás algún tiempo pueda ser estimulante e interesante, pero a la larga me da la impresión de que no..., la misma Simone de Beauvoir y Sartre... ni siquiera ellos, inteligentísimos..., tuvieron miles de problemas y eso que fueron una gran pareja, creo que dejaron de compartir el erotismo y se convirtieron en muy buenos amigos, no en una pareja en el sentido que hemos venido manejando.

99 The worst person I know
(Mother-in law, mother-in law)
(Mother-in law, mother-in law)
A she worries me, so
If she'd leave us alone
We would have a happy home

—ERNIE K-DOE, "Mother-In Law"

SERGIO Bueno, estábamos en la intimidad y los límites.
MARIO Regresando, la transgresión de los límites es todo lo que intervenga en la vida de la pareja negativamente, ¿qué se quiere decir con negativamente?, pues que no les guste la intrusión y que esté afectando la vida de la pareja. Por ejemplo, una pareja niña, de cero a tres años de casados, tiene que negociar sus límites con las familias de origen porque la tendencia sería que la muchacha o la familia de la muchacha se quieran seguir viendo, y cuando esto es inadecuado, demasiada presencia, la pareja va a sufrir. También puede ocurrir que

la computadora o la *blackberry* o el *iPhone* del muchacho o la muchacha sea peor que tener una amante, es increíble cómo estos aparatitos infernales pueden romper brutalmente la intimidad de una pareja en los momentos más privados por la incapacidad de sus dueños para ponerse límites.

Estas áreas, intimidad, poder, límites, se sobreponen y, generalmente, la una involucra a la otra: en un problema de límites la intimidad se está fracturando, como ocurre normalmente con la llegada de los hijos. Ahí tienes que renegociar muy claramente y a satisfacción de ambos la permeabilidad de dichos límites, porque el bebé va a estar ahí metido y de manera muy demandante durante dos o tres años en que no vas a ir ni al cine, y entonces hay que renegociar límites e intimidad, a lo mejor el poder no tanto en este caso, pero límites e intimidad sí.

Son estas áreas, límites, poder e intimidad, donde se da la decepción. Digamos que eres un hijito de mami o que sigues dependiendo de tu papi, o no les dices que no a tus latosos hermanos o a tus cuates que quieren hacer fiesta en tu casa cada ocho días: eres incapaz de poner límites. O bien le dices a tu pareja: "no me había dado cuenta de que no tienes independencia emocional con tu madre, le llamas tres veces al día y aquí está la pinche suegra todo el tiempo, me casé con una niña que necesita ver a sus papás todos los días". Esto es muy real, eso ocurre todo el tiempo y ahí se dan las decepciones.

Una vez que se plantea el divorcio comienza la negociación que puede ser larga, muy difícil, abrupta, poca gente se anima a divorciarse por las buenas. En consulta creo que he visto muy pocos divorcios bien llevados, bien planteados, sin la presencia de una o un tercero y simplemente porque no le alcanza el cariño para seguir viviendo juntos a alguno de los dos; en todos estos años lo he visto, pensándolo bien, sólo dos veces aquí en consulta.

SERGIO ¿De miles, cientos?

MARIO No tantos, pero te diré que parejas que desembocaron en una situación de divorcio probablemente haya visto 100 o 150 en 25 años.

SERGIO De las cuales dos parejas se han divorciado bien.

MARIO Tengo que aclarar esta estadística: entre 100 o 150 parejas, en 25 años, terminaron en divorcio. No venían a eso, a divorciarse, sino que el divorcio surgió como una opción y, con mayor o menor dificultad se separaron o divorciaron. La psicoterapia facilitó el proceso en alguna medida.

Los dos casos a los que me refiero como un buen divorcio no llegaron como pareja, llegaron de manera individual con una decisión tomada y para ser asesorados en cómo divorciarse de la mejor manera. En uno de los casos el que estaba dejando el matrimonio manejó las cosas muy bien: se divorció porque no le gustaba vivir como estaba viviendo, sin que tuviera una mala vida de pareja, sin tener una señora insoportable, simplemente su punto era "no te quiero lo suficiente o quiero probar otras cosas a riesgo de equivocarme, no hay nadie más, te lo estoy planteando, entiéndelo, platicamos las veces que gustes pero estamos a 23 de marzo y el 25 de mayo me voy y, mientras eso ocurre, hay que ponernos de acuerdo financieramente, cómo manejarlo con los chavos, los tiempos para hacer las cosas y voy a platicar contigo 400 veces o las veces que te sea necesario".

SERGIO ¿Había hijos en ambos casos?

MARIO Sí. Obviamente la reacción de las señoras fue de sorpresa, porque en los dos casos fueron ellos los que se iban. En el segundo caso vino el señor a consultarme porque se sentía mal, insatisfecho y triste en la relación de pareja, tenía algunos síntomas ligeros de ansiedad, lo platicamos durante varias sesiones a lo largo de dos o tres meses, se tomó la decisión, se planteó…

SERGIO ¿Platicó usted con ambos o sólo con él?

MARIO Sólo con él, ya que quería resolver una serie de cosas, quería ver si resolvía o no su situación de pareja, y cuando tomó la decisión de divorciarse se lo notificó a su esposa y se abrió el espacio de la consulta para ella: él le dijo algo así como —hace 15 años de eso— "He estado hablando con este terapeuta, él no me aconsejó ningún divorcio, simplemente ahora tomé la decisión, está tomada y nos vamos a divorciar, pero si gustas se puede abrir la posibilidad de ir a verlo los dos o tú únicamente". Las señoras estaban entre sorprendidas y apanicadas, una de ellas me decía en una consulta individual: "Oiga doctor no entiendo, tenemos una buena relación, unos hijos estupendos e infinidad de cosas buenas, ciertamente hay un descuido emocional, no sé si yo tuve un descuido en la pareja, pero él me dice que no hay otra mujer ni otro hombre, y no sé qué creer". Recuerdo haberle contestado, palabras más o menos: "Estimada señora, su marido me autorizó a responderle todo lo que usted gustara, por supuesto sin meter cosas que no me corresponde decirle. No le voy a decir si su marido le es fiel o no, eso le corresponde a él, pero sí debo decirle que hasta donde entiendo la única razón y la más importante es que él considera no tener el suficiente amor por usted para seguir juntos". El impacto fue severo, la señora se cimbró, pero asimiló rápidamente el *shock*. Debo decirte que esta sinceridad de él, la asimilación rápida de ella y que la propuesta de divorcio llegara a un buen fin estaban basadas en que tuvieron años muy buenos; este capital emocional les permitió enfrentar y confiar mutuamente en algo tan definitivo y doloroso. En el primer caso el señor me comentó el acuerdo de divorcio y yo, en plan de abogado del diablo, le decía: "Oye, ¿no estás siendo demasiado generoso?, eso de cambiarle el coche cada dos años, seguro médico, vacaciones pagadas dos veces al año, la casa, inversiones en no sé donde, fideicomiso de no sé cuánto, todo firmadito, indexado al índice de inflación, todo en dólares... ¿Es ése el tamaño de tu culpa?". Y su respuesta fue extraordinaria: "La señora me dedicó 10 años de su vida, es la madre de mis hijos y me interesa que esté lo mejor posible, por ella, por mis hijos y para mi tranquilidad". Cinco años después, en una consulta de seguimiento, me decía: "Ya le paré con lo del coche cada dos años porque el novio de ella anda feliz en el coche que le compré a ella, verdaderamente se pasó". Ésa fue la única queja años después.

Me pareció admirable todo el manejo del asunto. Por supuesto que se trata de un tipo balanceado, un tipo muy seguro de su propio valor, del valor de sus hijos y de su exmujer. Seguramente y por el prestigio de nuestro género, eso espero, hay otros muchos casos así..., pero no llegan a consulta.

En cuanto a ella, creo que al final entendió que, efectivamente así eran las cosas. Él no la quería lo suficiente, ella tampoco, o ya no tanto, y no a partir del planteamiento de divorcio, sino realmente a ella le cayó el veinte de que no era cierto que él era el amor de su vida; esa sinceridad y franqueza de parte de él permitió que se pudieran decir mutuamente "No vamos a ningún lado", y aceptar la situación de divorcio. Claro que ella no era una mujer cualquiera en una relación tradicional: era o es una mujer independiente económicamente, con una profesión, que parte de las ganancias del matrimonio a lo largo de esos 10 años de matrimonio fueron producto del desarrollo de ella como persona, como profesional. Una mujer segura, pues.

SERGIO ¿Ella ponía buena parte de la lana o dedicó esos 10 años a su desarrollo?

MARIO Las dos cosas. La mayor parte del ingreso la ponía este caballero, pero el salario de los dos permitía contratar personal de servicio, que ella pudiera estudiar un diplomado en el extranjero, permitió muchas cosas, los dos evolucionaron mucho y eran buenos compañeros, por todo ello se divorciaron bien y a tiempo.

SERGIO ¿Y qué sucede cuando uno se pasa de tueste? Cuando uno debió haberse divorciado cuatro años antes.

MARIO Mira, yo atiendo a una persona que es sensacional, un tipo que aprecio mucho, es una persona con principios, íntegro. Este hombre tiene un matrimonio, supongo que lo sigue teniendo, de poco más de 30 años; él tiene 60; con una excelente mujer a la que ha querido muchísimo y con la que ha tenido dos hijos que ya son adultos independientes y productivos. El asunto es que la relación, que fue estupenda y seguía siéndolo en

muchos aspectos hasta donde me quedé, socialmente, como compañeros, ella como una perfecta
ama de casa, buena anfitriona, guapa.., pero para
él la relación no creció, no se desarrolló en los
últimos 10 años porque su mujer, a raíz de los
cambios de la menopausia y el fallecimiento de
sus padres pasó por crisis emocionales importantes y se fue involucrando cada vez más en su religión; ojo, no estamos hablando de una mocha,
beata apestosa a cera de cirios de iglesia, sino de
una persona que estudia teología en una universidad y se mete al asunto en serio. Esto creó una
distancia entre ellos, él por su parte muy metido
en la chamba, y este hombre me dice: "Me dese-
namoré, ella siempre me gustó, es una mujer guapa, pero de 10 años para acá paulatinamente la
quiero pero me es indiferente en un plano erótico, no la detesto, simplemente estamos ahí porque estamos muy bien, porque tenemos una casa
preciosa, porque están los hijos y está lo social y
el mundo que compartimos que es muy agradable,
pero entre ella y yo no hay nada en el plano sexual.
Tan no hay nada que hace ocho años yo tengo una
amante que me da todo lo otro, la pasión, el reto
intelectual, la compañía, pero no le puedo hacer
eso a mi mujer, no me puedo divorciar por otra".
Y yo le digo: "Pues no se divorcie por otra. ¿Por
qué no va manejando las cosas paulatinamente, se divorcia, vive solo y aparece su amante un
año después?". Me contesta: "Yo no puedo hacer
eso, es demasiada hipocresía, ya de por sí el engaño me pesa mucho". A este hombre se le está
pasando el tren porque no tiene la energía necesaria que se necesita para este tipo de procesos:
negociar con la esposa, con los hijos, ajustar sus

relaciones sociales. Por otra parte, ¿qué tanto podrá con la otra relación?, ¿qué tanto se va a sa-
botear esta nueva relación por sus principios?; al
hombre se le está pasando la faena y es consciente
de eso y toda esta ambivalencia es su tormento,
pasa el tiempo y no toma una decisión. Quizás el
tiempo adecuado para tomar su decisión fue hace
cinco años, para no estar con la amante o romper
con la mujer, o ninguna de las dos sino para estar
solo, encontrarse a sí mismo que, considero de
verdad, es la salida adecuada.

SERGIO ¿Por qué es ésa la salida adecuada?

MARIO Porque va a enfrentar todos sus temores, vamos,
implica mucha más coherencia y dignidad: "me
salgo del matrimonio, la libero a ella de mí, veo
qué chingados me pasa, me deprimo, me lleva el
carajo, lo supero; por otra parte no me cuelgo de
la otra en ese proceso". Esto me parecía lo más íntegro para un hombre como él, pero lo que pasa es
que éste le tiene o tenía terror al sufrimiento, esto
es: "dejo a la esposa que tanto quiero, porque sí la
quiero, ya no la amo pero la quiero, y esta otra a
la que estoy amando no viviría tampoco con ella y
me quedo sin las dos, no puedo con eso, con esa
soledad". Y es ahí que se le pasó la faena, porque
creo que hubiera podido hacer un buen divorcio,
por todo el capital emocional que tenía; sin duda
le iba a doler y causar una conmoción, sí, por supuesto, pero tenía una edad estupenda y buenos
años por venir. No sé que haya pasado con él y me
muero de la curiosidad, porque en cierto momento le dije que ya no le estaba sirviendo la terapia
para tomar una decisión y la dejamos ahí, y este caballero me respondió: "Sí doctor, tiene razón, pa-
rezco disco rayado". Una excelente persona, muy

estimable, espero que esté bien pero creo sincera-
mente que se le pasó la faena.

SERGIO ¿Qué es peor, un divorcio prematuro o uno que
ocurre demasiado tarde o ya no ocurre?

99 Heroin, it's my wife and it's my life

—LOU REED, "Heroin"

MARIO Mira, cuando uno se va a divorciar pasa por varias etapas parecidas a cuando se deja la adicción
a una droga. **Te las describo: la primera se llama
"precontemplación": la persona en esta fase no
tiene la intención real de cambiar el estado de cosas que le preocupa y niega tener algún problema, sólo quiere que sea su pareja quien cambie.
Las cosas a favor del cambio propio, tomar consciencia del papel propio en la problemática de pareja, no superan los contras. Si hay un cambio
será por presión del entorno —la amante, en este
caso— y al desaparecer la presión se vuelve a la
conducta habitual: seguir con la esposa.
La segunda es la "contemplación": uno reconoce que tiene un problema y comienza a pensar seriamente en resolverlo. Se caracteriza por la
ambivalencia o indecisión.
La tercera es la "preparación": la mayoría de
las personas en esta etapa está planeando tomar
alguna acción determinada en el corto plazo y
hacen ajustes finales antes de comenzar a cambiar su comportamiento. Usualmente han co-
menzado a hacer pequeños cambios, tales como
tocar el tema de la separación con la esposa. Pla-**

nean sus acciones y tratan de reforzarlas. Estos pequeños cambios derivan en un aumento de la ansiedad y esto da la oportunidad al terapeuta de tratarla cuando está comenzando, cuando es manejable con relativa facilidad.

La cuarta es la etapa de "acción": en ésta las personas ejecutan las acciones que han preparado con el fin de superar su problema, separarse, en este caso. A lo que debe estar atento un terapeuta trabajando con una persona en esta fase es a no pensar que estas acciones abiertas implican un cambio real. Cambios en el nivel de consciencia, emociones, autoimagen, pensamiento y así sucesivamente, deben ocurrir en etapas anteriores a la acción, en el mejor de los casos en tratamiento.

La quinta etapa y final es la de "mantenimiento": tiene lugar cuando se estabiliza el cambio y su desafío es prevenir una recaída. Comúnmente ésta es la etapa más ignorada durante el tratamiento de una adicción o de una separación o divorcio. La tarea para el terapeuta es la de reconocer situaciones de peligro para una recaída y proveer alternativas al paciente.

Quizás sea un poco aventurado homologar o hacer iguales una adicción, al tabaco o al alcohol, con un mal matrimonio, pero estoy convencido de que las etapas por las que la gente pasa desde que empieza a pensar el divorcio hasta que lo lleva a cabo son muy parecidas.

Volviendo al tema del tiempo oportuno o adecuado para divorciarse, *timing* como le decimos los psicoterapeutas, no sabría contestarte bien, pero me parece que la gente más joven, entendiendo personas de menos de 35 años, que llevan máximo 10 o 12 años de casados, se aceleran y se divorcian prematuramente. La edad te hace mucho más tolerante o más cauto o más cobarde, a fin de cuentas, y para mí es mejor sugerir un poco: "serenidad y paciencia" al paciente y no "lánzate de una vez por todas y sepárate". Esta visión mía de "no te desesperes, por favor" —aquí te va una confesión importante, Sergio— tiene que ver con que estoy convencido de que la psicoterapia de pareja, la oficial o predominante, prolonga de más una relación que debería haberse terminado antes. La pareja entra al proceso de psicoterapia y se avientan dos años más para intentar salvar la relación, cuando debieron haberse separado a los seis meses. Reitero, la terapia de pareja muchas veces opera en contra de terminar la relación de la mejor manera posible, nunca es el terapeuta quien decide si continúan juntos o se separan, son los miembros de la pareja siempre, y la terapia prolonga innecesariamente un matrimonio que ya no tiene razón de ser. Esto ocurre por la necedad o conservadurismo del terapeuta, por su ignorancia o falta de sensibilidad, o de claridad y franqueza al no plantearle a la pareja que lo consulta, y en la primera sesión, que la terapia de parejas puede ser útil para reconstruir la relación y continuar juntos de una mejor manera, o bien para darse cuenta de que su relación no funciona ni funcionará, porque está o puede estar totalmente deteriorada. La enorme ventaja de plantearlo así es que no se crean falsas expectativas y que ellos, los consultantes, estarán afrontando juntos un proceso que será o deberá ser útil, y no sólo un ejercicio de buenas intenciones o un torneo de reproches mutuos. Como ves, el tema del divorcio para los integrantes de la pareja y para él o la terapeuta que los atiende es de enorme complejidad.

SERGIO Ahorita, doctor, que me estaba platicando de los divorcios muy bien hechos… Yo anduve con una mujer casada. De hecho anduve con dos mujeres casadas, usted lo sabe bien y es algo que no le aconsejo a nadie, se sufre mucho. Porque el casado manda, dice dónde, cuándo y cómo en la relación, pero cuando esta mujer casada, la primera, por fin decide dejar al marido, toma la decisión de nunca decirle por qué lo estaba abandonando; es decir, yo no existía, nunca le dijo "hay alguien más", nunca le dijo las verdaderas razones, lo cual a mí me hacía sentir profundamente ofendido. Lo que usted me decía en ese tiempo era que ella tenía el deber de decirle al marido por qué lo estaba dejando, era lo propio, lo decente de hacer, porque si no el otro queda en el aire. ¿Es algo que hay que hacer siempre?

MARIO No siempre, hay excepciones; por ejemplo, y no estoy exagerando para nada, si la pareja de esta señora fuera policía o narco, o un sujeto con armas en la casa o con un historial de violencia. Porque es un hecho que el asunto se va poner muy peligroso para la señora o para el amante y hay que protegerse siempre; en este caso se estaría protegiendo hasta al marido, protegiéndolo de su propia violencia y de la muy concreta posibilidad de ir a la cárcel y dejar sin papá a sus hijos. Hay otras excepciones, si el marido o la esposa tienen alguna enfermedad particularmente penosa, quiero decir una enfermedad crónica incapacitante, como para qué soltarle además: "te estoy dejando por otro caballero o por otra dama". Digamos que hay que tener ciertas consideraciones. Si el marido o la esposa a la que se está dejando padecen un problema mental incapacitante o crónico, el impacto, que de por sí es un estresor altísimo, podría desbalancearlos. Terminar es difícil, y si está involucrado alguien más, un o una amante, es peor. Al decir que la gente tiene un deber, me refiero a que hay una diferencia sustancial entre infidelidad y deslealtad.

Sergio A ver, explíquemela.

Mario Yo le puedo ser leal a mi mujer diciéndole que tengo una amante, le estoy siendo infiel pero estoy siendo leal con ella y con la relación que tenemos, no le digo más mentiras, quizás no se lo dije al inicio para no lastimar la relación y debería habérselo dicho para no entrar de lleno en la infidelidad, decirle que me gusta alguien. Pero al decírselo, antes o después de la infidelidad, hay lealtad hacia lo que fuimos, a lo que sentimos en algún momento, en última instancia mi lealtad no es a ti sino al sentimiento que sentí por ti y al que sentiste por mí. Eso sería lealtad. Lo que duele de la infidelidad es el engaño; si uno engaña está siendo desleal, por definición.

Esta mujer de la que hablabas, de la que fuiste amante, era infiel y desleal contigo y con el marido, probablemente por muchas razones que hoy por hoy ignoramos: no sabemos si el señor era un psicópata karateka; si era un retrasado mental de san Francisco del Rincón, Guanajuato, de dos metros y expresidente de los rotarios; no sabemos si era un tipo súper civilizado, alivianado, con problemas cardiacos al que no había que lastimar…; hay muchas posibilidades con las que podríamos especular. Yo tuve una ruptura feroz, muy fuerte, con una señora casada en la que ella fue desleal conmigo y consigo misma por tratar de mantener una imagen inmaculada, algo así como "yo no cometo esas vulgaridades de acostarme con otro señor". Tengo la impresión de que en ella tenía algo que ver eso que, para las mujeres en particular, es esencial: mantener una imagen idónea. Tratar de mantener una buena imagen a toda costa; ocurre en ellas con mucha mayor frecuencia que en el varón, y espero no estar haciendo con ello una declaración sexista. En las mujeres la infidelidad y la deslealtad son socialmente más graves, en nosotros son más toleradas, socialmente se dice: "así son los hombres, unos pendejos pitos sueltos; las mujeres no son así, son decentes y no engañan ni nada por el estilo"; sí cómo no.

Una mujer infiel está, a estas alturas del siglo XXI en este mi medieval México lindo y querido, en un aprieto muy serio e importante porque será juzgada por sus hijos: "que mi papá le fuera infiel a mi mamá vaya y pase, pero que mi mamá le fue infiel a mi papá no, de ninguna manera", y ¡claro! la conclusión de este hijo sería algo así como: "entonces qué soy yo, ¿un hijo de puta?".

SERGIO Pues no.

MARIO Pues no, pero así puede verse.

SERGIO La decisión de divorciarse es unilateral.

MARIO De arranque, sí, pero las cosas no dependen de uno al 100%.

SERGIO ¿Cuando a uno es al que le están planteando el divorcio?

MARIO De ninguna de las dos maneras, creo. Tampoco la reacción del otro… No la puedes controlar.

SERGIO Por pedir el divorcio te pueden mandar matar, ya en un caso extremo. Las cosas ahí no dependen de uno al 100% pero… Creo que a lo que quiero llegar es a lo siguiente: del mismo modo que la muerte es parte de la vida, la pérdida de la pareja —del modo que sea— es parte de la vida de la pareja. Así como hubo un enamoramiento, la luna de miel, procesos de ajuste, la primera casa, también está, a veces, el divorcio, y uno tendría que verlo así, como una etapa con el otro.

MARIO Cuando se da. Claro, nadie se mete en esta danza del matrimonio sabiendo que se va a divorciar o esperando que ocurra. Pero si ocurre, por lo menos saber que la posibilidad de terminación es parte de la vida de la pareja, saberlo le daría a uno una especie de sombrillita para la lluvia que en el vendaval de la ruptura o la viudez quizás no sirva para nada pero, por lo menos, da la impresión de que está uno agarrado de algo.

SERGIO Sí, no dejará de doler muchísimo, pero ¿si lo aminoraría un poquito? O estoy diciendo pura palabrería.

MARIO Estamos conversando de la pérdida de la pareja, del divorcio, e intentando hacer un libro que, necesariamente, a ti te va a hacer tomar consciencia de ello y a mí me hace tomar aguda consciencia de que mi relación actual puede terminar, porque se muera ella o yo, o por una crisis, y espero que tengamos el talento suficiente para poder encarar las cosas de la mejor manera, tomar en cuenta que puede ocurrir una de tres cosas: o me aferro a la relación y ahora voy aceptar todo con tal de no divorciarme; o tronamos de una vez porque después me va a doler más; o mejor aún, simplemente construimos o reconstruimos una relación lo suficientemente linda como para que lo pensemos seriamente antes de tomar esa decisión. Creo que no hay otra garantía y voy a hacer todo lo que esté de mi parte para construirla, sabiendo que me voy a equivocar, que me voy a pelear con ella, que voy a ser muy desagradable, pero mi intención es poder recuperar la relación y si, eventualmente, viene el quiebre, no va ser totalmente mi culpa ni la de ella, aunque de seguro alguno de los dos habrá colaborado más para que las cosas terminaran. Vamos a pensarlo: quizás ninguno de los dos dio mantenimiento a la relación o dejó pasar muchas malas cosas sin aclararlas…, y ahora que terminamos es un proceso que tenemos que pasar los dos, un proceso en el que debemos acompañarnos, de otra manera sería una continuación de la misma miseria: nos enamoramos, después… decidimos divorciarnos y ni siquiera nos acompañamos, ni siquiera aclaramos las cosas, mierda, mierda, mierda, ¡por favor! Pero bueno, también así ocurre.

99 Quiero creer que revive el ayer,
Pero la piel se volvió pared;
tírala,
tírala, saca la primera piedra;
tírala,
tírala,
tira la primera piedra.

—JAIME LÓPEZ, "Sácalo"

MARIO Vamos ahora a repasar, Sergio, el famoso *Catálogo de emociones o estados emocionales de cuando se termina una relación*, que le debemos a la doctora Kingma:

> **"** Our conversation was short and sweet
> It nearly swept me off-a my feet
> And I'm back in the rain, oh, oh
> And you are on dry land
> You made it there somehow
> You're a big girl now
>
> —BOB DYLAN, "You're a Big Girl Now"

UNO. "No puede estar pasándome a mí". Ésta es una forma de negación de lo que está ocurriendo porque, en nuestro repertorio emocional, no hay nada que nos prepare para las emociones y sentimientos que surgen cuando una relación termina. No tenemos un "plano o mapa emocional, un anteproyecto" para ello.

DOS. "No me puedes hacer esto". Veíamos que cuando el desarrollo psicológico de los miembros de la pareja está desfasado o no es armónico la relación ya no es una relación, sólo existe una persona con la fantasía de que la relación existe. Claro que esta persona, en algún nivel consciente o inconsciente, sabe o ha sabido que la relación terminaría o estaba por terminar.

> **"** Time is a jet plane, it moves too fast
> Oh, but what a shame if all we've shared can't last
> I can change, I swear, oh, oh
> See what you can do
> I can make it through
> You can make it too
>
> —BOB DYLAN, "You're a Big Girl Now"

TRES. "Haré lo que sea, cualquier cosa, sólo dime que no es cierto". Ocurre cuando nos damos cuenta de que las cosas están terminando y hay, siempre, un sentimiento de pánico. Ésta es una fase de negociación, de un intento desesperado por hacer que las cosas vuelvan a ser como eran, de "meter de regreso al genio en la botella", porque en este punto afrontamos o encaramos, por primera vez, lo que la vida será sin la relación.

> Bird on the horizon, sittin' on a fence
> He's singin' his song for me at his own expense
> And I'm just like that bird, oh, oh
> Singin' just for you
> I hope that you can hear
> Hear me singin' through these tears
>
> —BOB DYLAN, "You're a Big Girl Now"

CUATRO. "Nunca dejaré de llorar": esto implica el reconocimiento de que la pérdida, y con ella una cambio gigantesco, está ocurriendo y lanza a las personas a una profunda tristeza y, deseablemente, al procesamiento del duelo. Lo que ahora emerge a la superficie es el reconocimiento de que no sólo estás perdiendo la compañía de tu pareja sino, también, una historia, una forma de ser, un contexto social, un sentido de identidad, un anteproyecto de futuro y, en el nivel más básico, la definición de ti mismo. El llanto y el sentimiento de estar paralizado por el duelo son las cosas predominantes. Es increíble que en nuestra cultura todavía las lágrimas no tengan buena reputación entre los varones, con aquello de que los machines, los hombres verdaderos no lloramos, o que Washington no cree en lágrimas... Aquí le doy la bienvenida a las inmortales palabras de Julio Cortázar, cronopio mayor: "Y si el llanto te viene a buscar agárralo de frente". Enfréntalo: la relación ha terminado. Después de las lágrimas y el duelo, externo e interno, viene este reconocimiento final.

99 Love is so simple, to quote a phrase
You've known it all the time, I'm learnin' it
these days
Oh, I know where I can find you, oh, oh
In somebody's room
It's a price I have to pay
You're a big girl all the way

—BOB DYLAN, "You're a Big Girl Now"

CINCO. "Todo es culpa mía". Exageramos nuestros errores a proporciones enormes en un intento de explicación y control: "si todo ha sido culpa mía yo puedo arreglarlo, si no ha sido por mi culpa entonces no tengo ningún control". Lo malo del asunto es que de pasadita este sentimiento le pega durísimo a la autoestima.

99 A change in the weather is known to be extreme
But what's the sense of changing horses in
midstream?
I'm going out of my mind, oh, oh

With a pain that stops and starts
Like a corkscrew to my heart
Ever since we've been apart

—BOB DYLAN, "You're a Big Girl Now"

SEIS. "La culpa es toda tuya". Esto ocurre generalmente después de lo anterior y representa un
nuevo intento por explicarnos lo que ha sucedi-
do, y recuperar autoestima culpando al otro o a
la otra del fracaso.

99 Well, I struggled through barbed wire, felt the hail
     fall from above
Well, I struggled through barbed wire, felt the hail
     fall from above
Well, you know I even outran the hound dogs
Honey, you know I've earned your love

—BOB DYLAN, "Meet Me In The Morning"

SIETE. "No porque lo planteaste eso quiere decir que lo deseas". Todos los matrimonios tienen
una parte buena. Ésta es una reacción emocional
normal ante el susto de la separación e implica
echarse pa'trás y entrar, a veces, en un periodo de
oscilación bastante desgastante.

99 Look at the sun sinkin' like a ship
Look at the sun sinkin' like a ship

Ain't that just like my heart, babe
When you kissed my lips?

—Bob Dylan, "Meet Me In The Morning"

Ocho. "No porque no lo planteara no quiere decir que no lo deseara". El que es dejado o dejada entra en un proceso de duelo después del cual hay un nuevo comienzo, un alivio. Curiosamente se da una sensación de gratitud sorprendida: "al final de todo esto te agradezco que me dejaras, que tomaras la decisión de dejarme".

99 Yer gonna make me wonder what I'm doin'
Stayin' far behind without you
Yer gonna make me wonder what I'm sayin'
Yer gonna make me give myself a good talkin' to

—Bob Dylan, "You're Gonna Make Me
Lonesome When You Go"

Nueve. "No soy el mismo ahora". Se da una pesarosa, a veces refrescante, sensación de ser otra persona, de hecho se es otro ya que una relación tan importante como la de matrimonio define nuestros hábitos y costumbres.

99 But me, I'm still on the road
Headin' for another joint
We always did feel the same

We just saw it from a different point of view
Tangled up in blue

—Bob Dylan, "Tangled Up In Blue"

Diez. "Reposesión del Yo". Cuando la relación termina uno se da cuenta de todas las cosas que ha dado o que ha cedido o ha invertido en la otra persona. La herida comienza a sanar.

99 Even you, yesterday you had to ask me where it was at
I couldn't believe after all these years,
you didn't know me better than that
Sweet lady

—Bob Dylan, "Idiot Wind"

Once. "Me cayó el Rayo Ruso (o más sencillamente, "me cayó el veinte... y dio línea)". Esta expresión, de la que asumo absoluta responsabilidad, representa el punto de total desilusión en donde uno se da cuenta, súbitamente, de que algo está irremediablemente roto en la relación. A mí, personalmente, me ocurrió una vez al regresar de un viaje: la persona con la que estuve casado por segunda vez mostró más curiosidad por lo que le había traído de regalo que por cómo me había ido. Súbitamente me cayó el Rayo Ruso: "Esta mujer no me ve, sólo ve su propia nariz, está totalmente centrada en sí misma y ella es la única persona que realmente quiere y en la que está interesada". Hasta ahí llegué.

99 I been double-crossed now for the very last time
    and now I'm finally free
I kissed goodbye the howling beast on the
    borderline which separated you from me
You'll never know the hurt I suffered nor the pain
I rise above
And I'll never know the same about you,
    your holiness or your kind of love
And it makes me feel so sorry

               —BOB DYLAN, "Idiot Wind"

DOCE. "La pequeña puerta de mi corazón está cerrada". Esta cursi expresión, de la doctora Kingma, hace referencia a que la carga emocional de la relación ha sido neutralizada, no hay mayor involucramiento emocional con la, ahora, expareja. "Te me saliste", se dice en algunas canciones rancheras de ardidos y creo que es una expresión más sabrosa por descriptiva.

99 People tell me it's a sin
To know and feel too much within
I still believe she was my twin, but I lost the ring
She was born in spring, but I was born too late
Blame it on a simple twist of fate

             —BOB DYLAN, "Simple Twist Of Fate"

TRECE. "Saliendo del hoyo". En este periodo se cae en la formación de hábitos, sanos o insanos, que uno retoma o elimina. Busca a los viejos amigos para tener de nuevo un sentido de familiaridad o bien hace nuevos amigos. Se hace algo diferente. Se entra a psicoterapia, cosa especialmente útil en estas circunstancias.

Espero que el "repaso" no haya sido demasiado breve.

SERGIO Mientras me describía este catálogo de emociones, no podía dejar de pensar en aquello de que el cerebro es un resolvedor de problemas. Ahora veo que, ante la terminación de la pareja, no sólo resuelve problemas; también es un detective que reconstruye los hechos.

MARIO Mira, cuando uno está separado, divorciado o terminando la relación o ha muerto la pareja, se tienen que organizar los hechos —terminamos, rompimos, se murió— en una historia coherente, en una narrativa. Esto es, un relato con un comienzo, con una secuencia temporal, con puntos de inflexión, con momentos críticos donde la narración se fue para allá o para acá, con un final que, claro, uno está construyendo unilateralmente. Idealmente debería hacerlo con la expareja, porque eso permitiría una coconstrucción del relato o narrativa de la relación; o sea: "tú y yo nos conocimos y nos quisimos y entonces pasó esto que fue imperdonable y a partir de ahí tú y yo hicimos tal o cual", de manera que uno vea una lógica en la secuencia; se van a encontrar vacíos y vamos a tratar de llenarlos. De otra manera queda un relato incompleto o incomprensible: "esta mujer o este hombre nunca me dijo en qué momento tomó tal o cuál decisión, o actuó de tal o cuál manera". Regresando a la historia y hablando de actuar como detective de uno mismo, ya que el dolor mismo te está movilizando: "quiero entender para dejar de sufrir o sufrir entendiendo. ¿Cómo, por qué?". Y todo esto último, Sergio, es lo que se llama enfoque de narrativa en psicoterapia: la posibilidad de reconstruir la historia de la relación y resignificarla. Cuando uno está solo, como ocurre cuando la pareja ha muerto, la reconstrucción es, obviamente, unilateral. La persona tendría que organizar una narrativa o preparar una narrativa con el o la que va a morir, esto le daría a uno tiempo de hacer este proceso con su pareja y sería la parte final de la relación misma, si es que existe una buena relación; si no la hay es una mala cosa, ya que se complica enormemente.

Está uno solo intentando reflexionar los hechos. ¿Y el terapeuta qué hace?, lo que hace es asistir al paciente en esta reconstrucción y proponer explicaciones alternativas, desenlaces en algún sentido o en otro, todo ello con la intención de que el paciente pueda reconstruirse a través de la coconstrucción, con el terapeuta, de la relación y de la ruptura o terminación. Como la canción de Leonard Cohen que retomaste: "en toda cosa hay una grieta", la grieta la entendería como la ruptura, "y así es como entra la luz". Efectivamente, es en esta ruptura, en esta pérdida de identidad tan dolorosa, como yo me puedo entender y leerme a mí mismo ya que estoy abierto como un libro, mi motivación para hacerlo es este dolor.

Cuando estoy en una relación en la que hay amor, la historia o el relato es maravilloso pero no hay manera de conocerse porque no existe la distancia que da la ruptura. Quizás puedas conocer tu capacidad y tu estabilidad para estar en la relación, o tu capacidad o la de tu pareja para haber construido esa relación, pero no es tan profundo, tan heroico, tan trágico como lo es desde la desolación, desde la tristeza. Cuando uno termina la relación o ha sido abandonado de la mejor manera y porque ya no pueden vivir más así, ambos están muy abiertos y es ahí cuando se da la posibilidad concreta de verse y conocer su estilo afectivo y revisar muchas cosas. Para un terapeuta es apasionante tener frente a sí a alguien hecho polvo, abierto en canal por la pérdida. Personalmente el proceso terapéutico más útil, más valioso que yo tuve, fue precisamente a raíz de mi segundo divorcio.

99 As the mist leaves no scar
On the dark green hill,
So my body leaves no scar
On you, nor ever will.

—LEONARD COHEN, "True Love Leaves No Traces"

SERGIO ¿Ese divorcio lo hizo crecer como terapeuta?
MARIO La pérdida y la posibilidad de reconstruir la historia de la relación me hizo crecer como paciente y como terapeuta, crecí y me desarrollé de las dos maneras. Cosa que no le debo, por supuesto, a la otra persona, me lo debo a mí mismo y al terapeuta. Tal vez hubiera sido más enriquecedor poder haberlo hecho juntos, creo que teníamos esa capacidad, y eso es parte de la frustración, que tal vez pudiera haber sido de otra manera. He podido conducir procesos de separación con los dos implicados juntos y es absolutamente conmove-

dor: se están despidiendo porque esto termina, porque es dolorosísimo salir de la vida que tuvieron, y los ahora expareja se sonríen mutuamente. Aquí, donde estamos sentados, se han despedido más de 10 parejas; qué valientes, qué maravilla, qué bárbaros. Es un acto amoroso final.

SERGIO Ha de ser muy conmovedor. Algo digno de presenciarse.

MARIO No se te deshace el nudo en la garganta y apenas puedes hablar. Los pacientes, en este caso, quedan muy agradecidos por haberles facilitado el proceso y qué tristeza, pero qué alivio. Esas personas me han enseñado muchísimo, porque no es mérito del terapeuta sino de ellas mismas. Algunas de estas personas han sido de preferencia homosexual.

SERGIO ¿Hombres o mujeres?

MARIO Una de ellas mujeres, dos de hombres. La de uno de ellos fue especialmente dolorosa porque la persona que él estaba dejando era VIH positivo y le costó muchísimo plantear la ruptura por el grado de estrés por el que pasaba el otro. Yo básicamente no hice nada más que servirles café y hacer una que otra pregunta de orientación o aclaración. Ellos llevaron el proceso bastante bien, aunque devastados los dos; muy valientes personas.

SERGIO Lo que concluyo en este momento es que si uno se va a separar o si viene una ruptura o una pérdida, uno debe comportarse bien. Se puede aullar de dolor, romper una lámpara, mentar madres, pero hay que comportarse de forma impecable, entendiendo la impecabilidad como la entendía don Juan Matus: no dejar cabos sueltos; ser despiadado, pero nunca cruel.

MARIO Y con sentido del humor.

SERGIO Eso del sentido del humor que dice de Lin Yutang es una chulada. Justo un día de que lo hablamos, abrí *El rey Lear* al azar y leí una escena donde un personaje, Kent, creo, le jura lealtad a Lear, cuando éste está más jodido que nunca. Entonces, el bufón de Lear le dice a Kent: "Oye, tú, llévate mi sombrero. Sí, sí, tú, llévate mi sombrero, porque para jurarle lealtad a este rey debes tener dos sombreros y uno debe de ser de bufón". Hay que estar un poco loco para vivir. Y para enfrentar un dolor profundo, habría que tener listo el sombrero de bufón.

MARIO Siempre he tenido la fantasía de tener un sombrero de bufón aquí en el consultorio y ponérmelo; ya sé que suena poco serio pero ni modo, un cucurucho de Merlín o alguna cosa así, especial.

Estaba recordando en este momento a esas parejas y su sentido del humor, esa capacidad de bromear en esos últimos momentos, con sonrisas de complicidad entre ellos que yo no entendía y ni siquiera me atrevía a preguntarles de qué se reían.

Las terminaciones de este tipo hacen que la gente quede mejor…, y lo contrario también es cierto: he visto a gente que no se puede divorciar por orgullo, esas cosas de "no te voy a dar la satisfacción, hijo de la chingada, así que ni madres, me las vas a pagar".

SERGIO Sí, yo tengo una amiga que hasta la fecha no está divorciada y lleva 15 años separada, el tipo es millonario, tiene caballos, pero todo está a nombre de su mamá o de su papá y él está declarado en bancarrota, entonces no da dinero ni para el hijo de ambos. ¿Con un malnacido así qué hace, se pone uno un tercer sombrero o qué?

MARIO La cosa a veces es terriblemente complicada, yo tuve una paciente que tenía una profundísima depresión, era muy doloroso verla porque era una mujer muy expresiva, con una cara muy interesante que se deformaba por el rictus de dolor, que se había divorciado años atrás de un patán que además tenía la particular característica de coleccionar animales raros y tener algunos cientos de millones de dólares, y bueno, como ese hombre tenía tanto poder..., el manejo que hacía de los hijos era increíble. Esta mujer sufría invariablemente cada semana porque algo nuevo pasaba, cosas como tener una discusión con el hijo adolescente, cosas típicas como "no sales porque tienes malas calificaciones o llegaste muy tarde", y el muchachito le hablaba a su apá y éste le decía: "vente p'acá, m'hijito", y dos horas después el niño viajaba en el avión privado de su papi. ¿Qué haces con semejante cosa? Te jodes.

SERGIO Pero eso es un proceso de separación que no se ha terminado y el proceso de divorcio sigue, las crisis intermitentes.

MARIO Y este cabrón, porque no tiene otro nombre, no suelta la relación porque no le da la gana, ya están divorciados legalmente pero sigue chingando. Y esta mujer le puede mandar al bufete más reconocido de este país, pero no va a pasar nada y entonces ¿qué haces?, ¿lo matas?, ¿te matas? No quiero parecer ingenuo, pero lo único que debes hacer es tratar de estar lo mejor posible.

SERGIO No es que sea ingenuidad. Pero si él es el espejo de ella —volviendo a la idea del espejo de feria que la hace verse deforme, y que además es un espejo que tiene la posibilidad económica de ponérsele enfrente a voluntad— pues está muy difícil. Y también a riesgo de parecer ingenuo, cito a Randy Newman: "Lo que se necesita es un corazón templado y gentil. No parece gran cosa ahora, pero servirá".

MARIO Esta mujer lo logró a la larga por cuestión de supervivencia y porque es una mujer vital, y creo, no lo sé con certeza, que lo logró a un costo altísimo: los hijos, finalmente, optaron por la comodidad, por la lana, por la facilidad de hacer lo que su papá quería.

SERGIO La gran heroína del teatro del siglo XX es una mujer que rompe con su matrimonio y se va, dejando una fortuna y hasta hijos pequeños. Se trata de Nora, el personaje principal de *Casa de muñecas*, de Henrik Ibsen. Lo que hace, como usted dice, es dejar todo eso para poder mirarse en el espejo y no sentir vergüenza.

MARIO También es cierto que, planteándolo de manera muy dramática, todo desarrollo implica un abandono o una traición: uno deja atrás lo que ya no le es útil, hasta el cuerpo mismo, la vida, la dejamos atrás cuando ya no sirve. Y digo traición porque la gente a la que dejamos lo vive como una traición, uno mismo cuando es abandonado se siente traicionado.

SERGIO ¿Divorciarse implica traición siempre?

MARIO El que no toma la decisión se siente traicionado. Yo creo que es sólo un abandono, el dejar ir, pero del otro lado se vive como "no esperaba que me hicieras esto o cómo me haces esto", y entonces uno termina la secundaria de la vida y pasa a la preparatoria.

SERGIO Alguna vez usted me dijo que uno tiene que decepcionar a una cantidad importante de gente para alcanzar el desarrollo que desea. "Yo quería que fueras abogado". "Pues no, papá, soy ingeniero". Alguna vez le pregunté que si el matrimonio o la pareja implicaba un poco de la pérdida de individualidad y me dijo que sí, hasta cierto. ¿La pérdida de la pareja implica el regreso de esa individualidad?

MARIO Sí, claro, si hace uno las cosas bien y con elegancia e integridad, porque si está metido un tercero o una tercera, la cosa se complica. Esto no quiere decir que uno no pueda encontrar una nueva relación que sea una maravilla, por supuesto, pero esta reconstrucción de la identidad se da, se debe dar, con uno mismo. A solas. Estoy leyendo un libro como parte del material que empecé a juntar para estas conversaciones. El título exacto es *Grieving a Soulmate: The Love Story Behind "Till Death Do Us Part"* [*Duelo por un alma gemela: la historia de amor detrás de "hasta que la muerte nos separe"*], de Robert Orfali. Es la historia de su propia vida en pareja, desde que conoce a su esposa hasta que ella muere.

Se conocen a los 28 o 30 años y son almas gemelas, deciden no tener hijos para dedicarse en exclusividad uno al otro, cosa que no es usual —para las buenas conciencias sería algo profundamente egoísta— pero para mi punto de vista está perfecto, ya que estamos hablando de adultos que están de acuerdo en ello. Y arranca una historia sensacional de compañerismo y camaradería, de un erotismo grandioso, de broncas que siempre resuelven, muy completa la relación, deciden irse a vivir al campo y ponen su casa en un lugar muy lindo. Un año o dos después de estar en una especie de semiretiro fantástico, a ella le da cáncer de ovario y se lanza a 10 años de quimioterapia y al final viene el proceso de la agonía y la muerte. Este hombre, Robert Orfali, describe lo que pasa y esto nos da pie a entrar a lo que sería el último capítulo del libro: la viudez.

Él dice: "Morir es un asunto caótico y bastante desaseado, morir es difícil, es como detener una fábrica: va a rechinar, va a tener vibraciones, va a tener ruidos extraños y atemorizantes". Narra las quimioterapias y termina diciendo que los deudos, los que nos quedamos, sufrimos horrores porque somos vírgenes en cuanto a la muerte.

SERGIO Ninguno de los que estamos vivos nos hemos muerto nunca. Vírgenes ante la muerte.

MARIO Además hacemos lo indecible con tal de no verlo, lo cual es un error monumental porque no sabe uno en lo que se va meter y por lo que va a pasar y, sobre todo, la enorme ironía de que este gran amor, esta pareja maravillosa, ha sido la máxima felicidad y ahora es el máximo dolor.

SERGIO Cuando hablamos de Joan Didion y *El año del pensamiento mágico* usted mencionó otro libro. ¿Es éste?

MARIO No, éste, de Orfali, es un tercero que acabo de descubrir. El otro es *A Happy Marriage* de Rafael Yglesias, que narra hechos reales con una técnica de novela, el relato no es lineal, el autor utiliza *flashbacks* en paralelo y me parece un libro maravilloso, casi lloro más de una vez, es muy conmovedor. Orfali, en cambio, no es un escritor profesional, es un exejecutivo muy exitoso de *software* que utiliza su propia profesión diseñando un programa para procesar la pérdida, que de hecho es en lo que nos vamos a meter la próxima vez. Es un libro muy bueno que no quiero terminar porque es de lo más interesante, sobre todo porque Robert Orfali no es un profesional de la ayuda psicológica. Hay una página web que él dice que es una especie de mausoleo virtual para su esposa. Este hombre, para procesar su pérdida, diseña una página donde hay fotografías de ella y muchas cosas más, ahí platica con ella y eso es lo que él necesita y lo que él entiende y le hace sentido, trabaja, ahora sí literalmente, su duelo y se fortalece para transitarlo de pie.

PARA SABER MÁS...

Bruno Bettelheim (1903-1990) Escritor y psicólogo infantil austriaco. Pasó gran parte de su vida como director de una sección en la Universidad de Chicago, que servía de hogar para niños emocionalmente perturbados. Escribió libros acerca de la psicología normal y anormal de los niños, por lo que obtuvo gran respeto a lo largo de su vida.

Al final de su vida sufrió de depresión y se suicidó en 1990, seis años después de que su esposa muriera de cáncer.

Albert Camus (1913-1960) Novelista, ensayista, dramaturgo y filósofo francés nacido en Argelia. En su variada obra desarrolló un humanismo fundado en la consciencia del absurdo de la condición humana. En 1957, a la edad de 44 años, se le concedió el Premio Nobel de Literatura por "el conjunto de una obra que pone de relieve los problemas que se plantean en la consciencia de los hombres de hoy".

Sincronía Proviene de la etimología griega *syn*, 'con, juntamente, a la vez', y de la mitología griega, *Chronos* o *Khronos* (en griego Χρόνος), 'tiempo'.

En latín, *Chronus* se entiende como un término que se refiere a coincidencia en el tiempo o simultaneidad de hechos o fenómenos.

Arthur Miller (1915–2005) Ensayista y dramaturgo estadounidense. Escribió dramas que incluyen: *All My Sons* (1947), *Death of a Salesman* (1949), *The Crucible* (1953) y *A View fron the Bridge*. Miller estuvo muchas veces en el ojo del público, particularmente en las décadas de 1940, 1950 y 1960, periodo durante el cual testificó ante el comité del senado por actividades antinorteamericanas, recibió los premios *Pulitzer* y Principe de Asturias y se casó con Marilyn Monroe.

Escenas de un matrimonio Es una miniserie y luego película sueca escrita y dirigida por Ingmar Bergman. La historia retrata el matrimonio de Marianne y Johan, que después de varios problemas termina en divorcio, pero cuya relación continúa aun después de ello. Se filmó en 1973 con Liv Ullmann y Erland Josephson en los papeles principales se estrenó el 11 de abril de 1973 en la televisión sueca. Y obtuvo un considerable éxito internacional, incluyendo premios como el Globo de Oro a la mejor película extranjera.

Simone de Beauvoir (1908-1986) Conoció en 1929 a Jean Paul Sartre en la Sorbona, cuando ambos ejercían como profesores de filosofía, quien fue decisivo, según ella "el acontecimiento fundamental de mi existencia". Estuvieron unidos intelectual y sentimentalmente hasta que Sartre falleció en 1980. Con él llevó a cabo una serie de principios basados en su concepción de la mujer y de la pareja.

Jean Paul Sartre (1905-1980) En el seno de una familia burguesa. Es el fundador del existencialismo ateo, filósofo por encima de todo, pero también novelista, dramaturgo y crítico literario.

Abogado del diablo (en latín *advocatus diaboli*) O "promotor de la fe" (en latín *promotor fidei*) es el apelativo popular con el que se alude al procurador fiscal en los antiguos juicios o procesos de canonización de la Iglesia católica. El oficio de este abogado era objetar, exigir pruebas y descubrir errores en toda la documentación aportada para demostrar los méritos del presunto candidato a los altares como beato o santo. Si bien su papel le hacía aparecer figuradamente alineado entre las filas de los que se oponen al candidato (de donde procede el mote de "abogado del diablo", para este "defensor del otro bando") en realidad se encargaba de defender la autenticidad de las virtudes del que será propuesto como modelo a imitar por el pueblo católico.

Julio Cortázar (1914-1984) Escritor, traductor, e intelectual argentino nacido en Bélgica y nacionalizado francés.

Se le considera uno de los autores más innovadores y originales de su tiempo, maestro del relato corto, la prosa poética y la narración breve en general, comparable a Jorge Luis Borges, Antón Chéjov o Edgar Allan Poe, y creador de importantes novelas que inauguraron una nueva forma de hacer literatura en el mundo hispano, rompiendo los moldes clásicos mediante narraciones que escapan de la linealidad temporal y donde los personajes adquieren una autonomía y una profundidad psicológica, pocas veces vista hasta entonces. Debido a que los contenidos de su obra transitan en la frontera entre lo real y lo fantástico, suele ser puesto en relación con el Surrealismo.

Rey Lear (King Lear) Es una de las principales tragedias de William Shakespeare, fue escrita en su segundo periodo. Comenzó su redacción en el año 1605 y fue representada por primera vez a fines del año siguiente. Su fuente principal es una obra anterior, *King Leir* (representada en 1594 e impresa en 1605), y ambas son deudoras de la fuente principal, la *Historia Regum Britanniae* escrita hacia 1135 por Godofredo de Monmouth, de raíz netamente céltica. Su tema principal es la ingratitud filial aunque también trata de la vejez y la locura.

Casa de Muñecas Es una obra de teatro de Henrik Ibsen. La obra se estrenó el 21 de diciembre de 1879. *Casa de muñecas* fue escrita dos años después de *Las columnas de la sociedad* y fue la primera obra dramática de Ibsen que causó sensación. En la actualidad es quizás su obra más famosa y su lectura es obligatoria en muchas escuelas y universidades. Cuando *Casa de muñecas* se publicó generó gran controversia, ya que critica fuertemente las normas matrimoniales del siglo XIX. Aunque Ibsen negó que su obra fuera feminista, es considerada por muchos críticos como la primera verdadera obra teatral feminista.

Till Death Do Us Part (Hasta que la muerte nos separe) Es parte del título de un libro de Robert Orfali: *Grieving a Soulmate: The Love Story Behind "Till Death Do Us Part"*, Mill City Press, 2011 *[Duelo por un alma gemela: la historia de amor detrás de "hasta que la muerte nos separe"]*. En él se narra el proceso de enfermedad de Jeri Orfali, su esposa, agonía y muerte por un cáncer ovárico a lo largo de 10 años, además de las estrategias de Robert para enfrentar el proceso que sigue después: el duelo.

"

Quizá un lenguaje para los finales
exija la total abolición de los otros lenguajes,
la imperturbable síntesis
de las tierras arrasadas.
O tal vez crear un habla de intersticios
entreverados entre el silencio y la palabra
y las ignotas partículas sin codicia.

—ROBERTO JUARROZ
"No tenemos un lenguaje para los finales"

Quinta conversación

SERGIO Pienso en el dolor de perder a mi esposa y siento una cosa horrible.

MARIO Sí, eso es lo más triste y doloroso que puede haber y es ineludible, como hemos dicho más de una vez. Pero claro, eso se dice uno a sí mismo cuando las cosas están bien. Cuando estás en pleno conflicto y en plena bronca lo que uno se dice es: "¡por favor, ya! Que se muera esta pinche vieja o este cabrón, ya me quiero divorciar, mañana mismo si se puede". Estas polarizaciones entre las que fluctúa uno...

SERGIO Antes de entrar directo a la viudez, ¿es cierto que la mayoría de las veces, en los divorcios de primera vuelta, el hombre es quien promueve el divorcio y lo hace por una mujer más joven?

MARIO Quizá nos faltó hablar un poco más sobre el divorcio o intentar una síntesis. Veamos: según la última estadística que recuerdo del año pasado el cónyuge que promueve el divorcio es la mujer, en 70% de las veces. En esta nueva modalidad del divorcio exprés en el DF, nombre más adecuado que la estupidez legal de "divorcio incausado",

80% de las promotoras son, de nuevo, las aguerridas mujeres. Me pregunto qué es lo que pasa, por qué las mujeres son las que lo promueven de forma tan mayoritaria. Y creo que una de las razones más importantes es que hoy en día tienen menor dependencia económica. La típica divorciada es una universitaria que trabaja y es esta combinación, mujer preparada y productiva económicamente, la que es mortífera para el matrimonio convencional, y es muy explicable: para continuar en una relación inadecuada, la dependencia económica de la mujer es una condición indispensable. Ellas inician o promueven el divorcio porque tienen un papel diferente en la sociedad, porque son más independientes y más valientes.

Es interesante señalar que casi todos los divorciados, varones, se vuelven a casar más rápido; las mujeres no porque pueden tolerar o manejar mejor la soledad, tienen una mayor red social de apoyo con las amigas a diferencia de los varones, que somos mucho más solitarios y manejamos de peor manera la soledad. Es un hecho que somos más comodinos gracias a nuestras mamitas, nos gusta la estructura de la casita, que nos hagan de comer nuestra *chopita* y este tipo de cosas. La mujer se las arregla viviendo sola con más facilidad y si no viven más mujeres solas en nuestro país es debido a los convencionalismos sociales: no se ve "bien" que una mujer soltera o divorciada viva sola, "no vaya a ser que nos baje a los maridos o a los novios", dicen las mismas mujeres.

Cuando los varones promovemos el divorcio lo hacemos, en general, por otra mujer..., y si no hay otra mujer está por llegar. Esta relación en marcha o a punto de iniciarse "puentea" la salida de ese matrimonio insatisfactorio para el varón. Esto casi es una condición, es rarísimo el varón que dice "me divorcio y no hay nadie más"; de hecho es lo primero que la sociedad piensa, piensa mal y acertaras: "si él promovió el divorcio es que hay alguien esperándolo". Lo opuesto no es tan cierto, no hay muchas mujeres a quienes las esté esperando un galán o un amante, sin embargo esto va a la alza. Conozco algunas feministas más contemporáneas, no las furibundas de las décadas de 1960 o 1970, que dicen que la única ganancia actual del feminismo para las mujeres es un comportamiento sexual igual al del hombre: hacen las mismas chingaderas que hacemos nosotros, que nos divorciamos en general por alguien más.

99 Love is a dog from hell.

—Charles Bukowski

Repasemos: si tú decides divorciarte, lo harás porque te sientes insatisfecho o insatisfecha en tu relación en alguna de las tres áreas principales: intimidad, poder o límites. O te sientes insatisfecho en las tres. La decepción que has ido desarrollando en relación a tu pareja es enorme, encuentras diferencias irreconciliables o encuentras a otra persona o tienes dudas y esas dudas no son factibles de resolverse.

Para prevenir lo que acabo de decir, los miembros de la pareja tendrían que hacer un "balance" de la relación cada cierto tiempo y no simplemente llegar al pleito, a la bronca, para

decir "sí, me divorcio". Ese "balance" habría de ser una especie de contabilidad "emocional" cada cierto tiempo, cada aniversario de la boda por ejemplo y decir: "bueno querida o querido, ¿cómo estamos y para dónde vamos?". Sería como el balance que hacen en los bancos: ¿cuánto tenemos o con cuánto contamos cada año, en qué vamos a invertir y en qué no? Y de acuerdo con ello plantearse la posibilidad de un "recontrato" de la relación: qué es lo que debería incluir o excluir la relación ahora que estamos recontratando.

Lo interesante es que esto no se hace ni siquiera cuando la relación está bien, mucho menos cuando está mal, porque los miembros de la pareja no le quieren mover más, no quieren hacer olas.

¿A dónde voy con todo esto? A que en verdad estoy convencido de que la pareja tiene que revisar su estado, su mayor o menor grado de satisfacción, y darle mantenimiento a su relación cada año o cada dos años, cuando gusten, pero hacerlo sin que pase demasiado tiempo. ¿Te gustan cinco años como límite? De otra manera empiezas a acumular insatisfacciones y agravios.

Si uno se da cuenta de que se siente incómodo o mal, o está en un periodo de crisis o de dificultades, sería el momento de tratar de tranquilizarse y plantear las opiniones y posibles soluciones, lo que llevaría a que no haya separaciones prematuras o, incluso, tener un antecedente de que las cosas están o han estado mal desde hace un tiempo y que podemos o no superarlas.

En plan de "manual de procedimiento" de cara al divorcio, lo primero que debo de tener claro es cómo estoy en mi relación. Después debo explorar si lo puedo arreglar o no con él o ella, hacer el intento franco y honesto de tratar de superar las dificultades.

¿Qué pasa si no lo podemos arreglar? Bueno, tener la certeza mutua de que no lo estamos solucionando antes de empezar a tomar decisiones de tipo individual, ya que eso provocará un mayor alejamiento.

Si uno llega a la conclusión de que no quiere vivir más con su pareja debe de plantearlo aunque se equivoque, aunque sea un deseo en falso, hay que plantearlo incluso si se está equivocado, más vale una equivocación bien intencionada a no hacerlo, para después de seis meses estallar de la peor manera.

Como ya lo hemos dicho, cuando alguien decide divorciarse, hay una etapa de precrisis en la que uno se siente mal en la relación pero no tanto, a la que le sigue otra en la que uno se da cuenta por qué se siente mal, después vienen las acciones concretas que llevarán al divorcio. Son etapas que varían en el tiempo pero representan una secuencia. Por supuesto que el proceso del que no quiere divorciarse, o también quiere pero no se lo dice a sí mismo o se asusta sólo de pensarlo, incluye una etapa en la que está oscilando. Una vez que se llega al momento de acción el asunto empieza a ser irreversible, hay una desconexión aún mayor dado que se empiezan a tomar decisiones unilaterales, no discutidas. Esto siempre ocurre así, con mayor o menor ambigüedad y oscilación en cada uno de los dos.

SERGIO Suena bastante infernal.

MARIO Lo es. En este proceso las personas se lastiman muy fuertemente, se dicen y se hacen cosas irreversibles. Lo que pudiera haber tenido una posibilidad de replanteamiento y reconstrucción, ahí se acaba.

SERGIO Pero aun así habría que plantearlo.

MARIO Sí claro, y mira, si la pareja se enreda demasiado en la discusión de "y por qué nos vamos a divorciar y quién tiene la culpa de qué?", no hay mucho que discutir: hay que tomar actitudes y acciones concretas: "no estás de acuerdo y bueno, ni hablar, pero nos vamos a divorciar de todas maneras o precisamente por ello, ahora vayamos a ver a los abogados o cómo le hacemos".

Y viene la negociación: "vamos a ver quién se queda con el equipo de sonido o con el perro, o quién se va, para dónde se va. Si te vas, ¿estaré aquí cuando te vayas?". Por cierto, esto no es recomendable: nunca estés el día en que ella o él se vaya, porque es horrible para ambos. Eso de "te ayudo a hacer la maleta…", no, no es buena idea.

SERGIO Una cosa es acompañar al otro en su dolor otra muy distinta es hacerle la maleta.

MARIO En general uno está presente en el proceso concreto de separación porque el otro, al que se deja, se va a sentir muy mal y se le puede decir: "tranquilízate, todo va a salir bien, en la medida de lo posible estaré aquí pero de que esto se acabó se acabó, te ayudo en lo que necesites pero si quieres que me meta a la cama contigo, olvídalo, no viene para nada al caso".

Este asunto de la separación es todo un procedimiento, una coreografía en donde también se trata de involucrar a la menor cantidad posible de personas. Eso de hablarle a la mamá y decirle: "fíjate mamita que me voy a divorciar" sin que esté totalmente tomada la decisión, lo único que va a desencadenar es una serie de en-

frentamientos a partir de los cuales es muy difícil reconstruir algo, sobre todo si hay una relación personal con la familia del otro. Alguno
de los miembros de la pareja pudiera tener un
interés concreto en preservar la relación y decir
algo así como: "oiga, señor o señora, fíjese que
me voy a separar de su hija pero usted se merece
todo mi respeto y me gustaría que, en la medida
de lo posible, no nos perdiéramos la pista". O si
ha guardado agravios: "me voy a separar de su
hijo y tengo que decirle que siempre he pensado
que es usted un hijo de la chingada". Esto último
tampoco viene al caso, insultar o pelear con la
exfamilia política, por más ganas que uno tenga
de decirle sus verdades al cretino del suegro o al
cuñadito tarado, pero a veces ocurre.

Se trata entonces de involucrar a la menor cantidad de gente posible antes de que se tome una
decisión. Ya tomadas las decisiones en conjunto le
puede contar uno a los amigos: "oigan no vayan a
tomar posiciones, que no haya eso de que no le vas
a hablar a mi ex si la ves en la calle", pero si no se
han tomado las decisiones es de pésimo gusto.

Ocurre esto un montón de veces justificada-
mente porque "el muchacho se portó muy mal
con mi amiga" o "¿y por qué le voy a hablar a
este pendejo al que siempre le caí gordo?". Considero la separación y el divorcio como procesos
privados o que debieran serlo, con la menor cantidad de gente involucrada y, también, con la menor cantidad de abogados posible.

Habitualmente la gente se separa y luego se divorcia y, no es que así deba ser, pero cuando uno
se separa, esta separación debe ser estructurada. Y
esto quiere decir: "me estoy separando de ti y me

voy a ir tal día, me voy a tal lugar, y puedes o no tener mis datos. ¿Podremos vernos? ¿Para qué nos vamos a ver? Tenemos cosas pendientes que arreglar pero sólo nos veremos para las cosas que sean absolutamente necesarias mientras nos divorciamos. Ahora que estamos separados, no me gustaría saber que sales con otra persona y si lo haces hazlo con discreción", por ejemplo.

O quizás: "mira, nos separamos y cada quien que haga lo que se le dé su regalada gana". "¿Qué vamos a hacer en ese tiempo? ¿Cómo vamos a interactuar? Si es que tenemos que interactuar y ¿cuando nos divorciemos vamos a mantener una relación?", eso, siguiendo la idea de que uno termina con la relación y no termina con la persona; esto en teoría, porque puede tratarse de uno de esos divorcios amargos en donde "no quiero nada que ver con esta pinche vieja".

No suena muy lindo pero a veces es mejor esto de "no quiero saber nada de esta dama", porque viene el proceso más duro para el que no quería divorciarse: el duelo. O viene un duelo tardío en quien promovió el divorcio, luego de un rato, se pone a extrañar la relación, resulta que las cosas no le salieron tan bien como pensaba o descubre que la vida no es sólo irse de parranda todos los sábados con mujeres atractivísimas o con galanes cultos y limpios, sino que es una mierda y "ay, tan buena que ella era" y vienen los arrepentimientos tardíos o más o menos inmediatos.

¿Qué indican estos arrepentimientos? ¿Que fue un error divorciarse? No, lo único que indican es la dificultad para enfrentar una realidad diferente o que la expectativa era otra: "me voy a sentir muy bien ahora que me divorcié de esta vieja bruja o de este estúpido", pues fíjate que no tanto o de plano no.

Por eso importa tener una estructura donde se dé la oportunidad de que hablemos. Nadie dice que no se valga volver, en ningún lugar está escrito, pero teóricamente, si uno se divorcia es porque sabe lo que está haciendo, pero puede equivocarse igual que se equivocó al casarse.

Se puede uno equivocar al divorciarse. En nuestros tiempos, sobre todo en los tiempos del sida, en la década de 1980 a mucha gente le daba terror: "¿si me divorcio con quién voy a coger si todos tienen sida, herpes, clamidia o virus del papiloma y el único lugar seguro era con mi mujer o con mi marido?", o "afuera está del carajo: cada quien coge con todo mundo y nadie quiere compromisos". Vamos, el separarse o divorciarse bien posibilita, si no el regresar —que la mayoría de las veces sería un nuevo error o parte de la misma mierda— sí tener un aliado en el exesposo o exesposa, porque a final de cuentas es alguien que nos conoce bien, seguramente mejor que nadie y, por tanto, ese *ex* puede ser una persona con una opinión o comentario certeros acerca de nuestra manera de ser individual y en pareja. Esto es relevante y positivo cuando se han tenido hijos, cruzando los dedos y encomendándose a san Buda para que la actual esposa o esposo no se pongan locos de celos.

De ninguna manera estoy promoviendo la amistad entre exesposos cuando no hay hijos de por medio. A mí me fue bien porque, afortunadamente, pude tener una relación de amistad con mi primera exesposa, cosa que me hizo bien. Pero ni es la norma ni tiene por qué serlo cuando ni hay hijos. Cuando hay hijos es casi una obligación que uno lleve una relación lo más civilizada, tersa, cortés o atenta posible, porque tenemos hijos y me importa mucho que esta señora o este señor tenga, al menos, cierto equilibrio mental en lo que a mí respecta y que no me esté odiando y me ladre frente a estos niños y al revés. Esto, que es absolutamente deseable, raramente ocurre: los divorciados se detestan al grado de darse de puñaladas, los hijos son proyectiles en esta guerra.

99 "Father?" "Yes, son?" "I want to kill you".

—Jim Morrison, *The End*

99 **El divorcio con hijos en medio es un asunto muy complejo, no debe uno hacer eso de "desde mañana no vivo con tu mamá". Se necesita preparación y gran cantidad de acuerdos entre los dos que se divorcian, acuerdos en relación a los hijos.** Por ello mi cuate Don Granvold dice lo de las crisis intermitentes en el proceso de divorcio en sí y en el posdivorcio. Ayer mismo estaba viendo, en un desvelo, una escena de la extraordinaria serie *Mad Men*, cuando el personaje principal, Don Draper, se divorcia de su guapa mujer, Betty, y ella establece una relación rapidísimamente, en tiempo récord, con otro caballero al que invita a vivir a su casa. Desde luego que la hija mayor, de 9 o 10 años, empieza a tener síntomas por todos lados, está enojadísima con su mamá, con su papá, con el nuevo esposo de su mamá. La tal Betty detesta a Don y no ha acabado de digerir la gran cantidad de infidelidades de su exesposo y aquello es un horror. Así eran los divorcios en la década de 1960 y no creo que esto haya cambiado mucho. Es un manejo infernal de las cosas: resentimiento y golpes bajos en un proceso que tendría que ser aseado, cuidado, porque si la gente se queda enojada o resentida los hijos van a sufrir todo este asunto.

SERGIO Me parece que es bueno hacer hincapié en esto de plantear una estructura de divorcio: "lo hablamos tal día y lo vamos a hacer a tal hora y tú no vas a estar, te dejo las llaves con el portero". Suena a pequeñeces, pero en esas pequeñas formas puede haber claves para el resto de la vida.

MARIO Se esperarían cortesías mutuas para sentar las bases de una relación más tersa, en la medida de lo posible.

SERGIO Alguien me platicó que un tipo, antes de irse de la casa donde vivía con su mujer, defecó en la sala.

MARIO Eso pasa a cada rato. Los que se separan o están en proceso de divorcio se cagan en el lecho conyugal. Vaya con la metáfora. Claro que ocurre. El enojo y la rabia son evidentísimas. En un divorcio con hijos todo debe de ser acordado. Y claro que esto suena paradójico y no: tener acuerdos si nos estamos divorciando. Pero tenemos hijos y hay que sentarnos a hablar. ¿Y qué les vamos a decir, quién va a llevar la voz cantante, qué pasa si se ponen a llorar, si nos ponemos a llorar todos? Toda esto implica una anticipación y un control del proceso, ya que en el futuro cientos de veces, sobre todo si son niños pequeños, los padres tendrán que hablar con ellos de manera conjunta o individualmente. Cuando estamos hablando de jóvenes o de adultos la cosa es muy diferente, pero aun así habrá que hablar.

He acompañado o facilitado a parejas en el proceso de divorcio. La pareja viene a resolver sus problemas pero parte del compromiso del terapeuta implica dilucidar, decidir, si esos problemas pueden ser resueltos o no, y con qué recursos emocionales e intelectuales cuenta la pareja para hacerlo. Cuando se percatan de que no hay tales recursos o que los agravios son enormes, o simplemente confirman que no se quieren... o se quieren pero no les alcanza la energía para reconstruirse, se llega al momento de la separación o el divorcio. En ese momento se trata de hacer *coaching* y no psicoterapia, porque se va a tratar también de guiar, orientar y ayudar a resolver las dudas, la ambivalencia, las culpas, el enojo. Y debo decirte que esto habitualmente sale bien. También llega un momento en el que se plantea el problema de cómo notificar —que no es lo mismo que pedir opinión— a los niños. Lo ensayamos un poco. Una vez con una pareja, de esas parejas divertidas a pesar de las broncas, hicimos los discursos pertinentes que dependieron de la edad y las características de los niños. Hay terapias de familia en donde los niños se meten a sesión para hablar del divorcio, cosa que es sensata cuando la pareja está atorada y no se anima o empiezan a hablar con los hijos y se agarran del chongo.

Esto de que al hablar con los niños los padres se peleen es un drama del carajo y hay que contemplar el drama y decir "bueno, ustedes se ponen a llorar en medio del discurso y se vale y hay que llevar kleenex y si los chiquitos se ponen a llorar pues confórtenlos, háganlos sentir que los dos están para ellos". No lo van a hacer por separado sino los dos juntos. Eso de que "se destruyó la familia" es una mamada porque no es cierto, no se destruye, simplemente es una familia diferente.

Con una familia de adultos, con hijos de 18 años para arriba, cambia el proceso y puede ser menos dramático, menos difícil, si no hay terceras personas involucradas, infidelidades. Ahí las cosas se ponen complicadas si los hijos toman partido, como suele ocurrir. Si la gente tiene la sensatez de no hacer que aparezca el nuevo marido o la nueva esposa después de un mínimo de seis meses, en lo que se digiere, se procesa, se ensaya, no se complican las cosas por la presencia de una señora o un señor en la vida de estos divorciados. Hay que decirle al amante: dame chance, por favor.

Eso de que: "yo quiero que mi nuevo amor conozca a mis hijos para ver si los acepta o ellos a él" es de verdad una pendejada monumental, y tiene que ver más con darle un chingadazo al excónyuge que con la fantasía de "todos contentos". A lo mejor unos chavos de 25 años aguantan bien eso de conocer a la nueva pareja de mamá o papá, pero a una niña de seis le va a causar un problema, así el nuevo esposo sea el simpatiquísimo Chabelo o la horrenda Tatiana. El divorcio es terreno resbaloso y difícil.

SERGIO Retomando el tema del proceso de duelo del abandonado, porque hablamos de que el que promovía el divorcio podría arrepentirse, pero el otro enfrentará un proceso fuerte.

MARIO Fíjate que la reacción de los abandonados es diferente de acuerdo al patrón o a la circunstancia misma del abandono. Que tu pareja se siente a hablar contigo y te diga: "mira, Sergio, la verdad es que no me llevo bien contigo, la relación va mal y ya no quiero que vivamos juntos" es muy diferente a esto: "soy amante de tu socio". O "me di cuenta que soy gay o lesbiana". ¿Qué se yo? La reacción depende de la gravedad de las circunstancias en que se da la ruptura. Como veíamos la gente segura, con un apego seguro, por supuesto que le duele la separación, llora, y siempre hace un intento por rescatar la relación por mínima lógica, le ha invertido cinco o seis años a la relación y, hombre, "no lo voy a tirar así nomás, los hijos, la preocupación de qué va a pasar con ellos", pero lo maneja equilibradamente, aunque tenga periodos de desesperación y llanto, enojo, rabia y de no querer ver a la persona que se va.

La del apego evitativo: depresión segura y con ella la ratificación de que no se es amable, que nunca lo fue y nunca lo será.

Los inseguros: un dolor intensísimo un mes o dos, ponerse activo buscar qué hacer o buscar activamente en qué o en quién invertir emocionalmente. Salir corriendo a buscar un o una amante.

Entonces, habrá que tramitar el duelo, hay gente que se deprime seriamente y en la que se tendrán que tomar medidas terapéuticas, a veces farmacológicas, pero la mayor parte de la gente reacciona sin demasiado traumatismo emocional: no deja de trabajar, de ir y venir de una manera más o menos adecuada. Aquí no hay reglas de que a los cuatro meses debes de estar muy bien o a los tres meses. Por otro lado, si una persona que se divorcia tiene un año tirado en la cama, obviamente algo está mal, pero insisto, no es el caso de la mayoría de la gente.

SERGIO Hay una canción muy mala, pero muy contundente, de Phil Collins y Marilyn Martin llamada *Separate Lives,* cuyo coro dice: "No tienes derecho a preguntarme cómo me siento". La pregunta es: el hecho de que quien promovió el divorcio se presente a preguntarle al otro cómo le va, ¿no le hace más daño?

MARIO Se agradece que la otra persona haga ver o haga llegar el mensaje de que quiere saber cómo está el otro o la otra y querer hacer algo por él o ella. Que lo haga es otra historia, pienso en ti y quiero saber cómo estás pero no significa que me voy a poner a jugar póker contigo todos los sábados para que te sientas mejor.

SERGIO El que promovió el divorcio se entera de que el otro está muy tiste y se entera que se le descompuso su computadora, ¿es correcto regalarle otra computadora?

MARIO Pudiera serlo, si es un elemento central para su trabajo.

SERGIO ¿Pero el otro no podría malinterpretar?

MARIO Sí, pero habría que aclararlo: "oye, supe que tu computadora te falla, estoy pensando y tengo la posibilidad de obsequiarte una, ¿la tomas sin que esto implique que estoy tratando de reconquistarte o algo por el estilo? Simplemente quiero facilitarte la vida"; tendría que ser con esa claridad, con esa precisión.

SERGIO ¿Y si del otro lado le contestan: "chinga tu madre, no quiero nada"?

MARIO Ni hablar, está en todo el derecho. Si lo piensas un poquito a mí sí me preocuparía, me movería en algún sentido saber que mi ex, a la que dejé, está teniendo dificultades de cualquier tipo o se le murió su papá. Igual me apersono o le mando unas flores o le mando una computadora pero con una nota que diga que supe tal o cual cosa y no quiero que me malinterprete. Y si quieres tirar a la basura la computadora no lo hagas, mando por ella, y si la aceptas no hay compromisos ni segundas intenciones.

SERGIO Es muy complicado. Hace falta toda una estructura social para soportar el asunto. Usted decía que en Canadá hay guarderías especializadas, asesorías para hijos de padres divorciados. Recuerdo la primera vez que fui a Canadá. Vi mucha gente en silla de ruedas y pensé: "Caray, cuánta gente con capacidades diferentes hay en Canadá". Pero no. Aquí hay más, lo que pasa es que no pueden salir.

MARIO Si claro, porque la ciudad no está hecha para ellos.

SERGIO De por sí es muy difícil estar en una silla de ruedas, es el colmo que las banquetas, cuando las hay, estén hechas pedazos. Y, pensando en esto me vino a la mente una metáfora bastante obvia: de por sí estar en una pérdida del cónyuge es espantoso, por lo menos que haya rampas y banquetas parejas para quienes han sufrido una pérdida amorosa, ¿no?

MARIO Buenísima la metáfora. Yo he visto mujeres aquí en consulta, recién divorciadas entre 30 y 60 años, y todas se quejan de que no hay lugares para mujeres divorciadas adonde ir a platicar. No hay esa maravillosa institución que ha hecho a Inglaterra lo que es: los *pubs,* lugares donde vas, te metes, te sientas, pides un trago, platicas con la gente, te echas una cancioncita, te zumbas un *fish and chips* y te vas a la chingada y nadie se espanta y nadie ve a la divorciada mal, lugares donde no vas a ligar —aunque por supuesto que pudiera ocurrir.

SERGIO Sí, aquí no hay esos lugares.

MARIO Es una verdadera desgracia, aquí hay cantinas llenas de borrachos maleducados e impertinentes, o antros de desmadre y además carísimos. El asunto, como bien dices, es que no hay una estructura social que haga más cómodo el hecho de vivir en condición de viudo, divorciado o abandonado.

SERGIO Uno está destruido emocionalmente, está en una silla de ruedas, por lo menos que hagan rampitas, carajo.

MARIO Yo bromeo, y no tanto, con estas personas, las mujeres divorciadas o separadas, la viuda es la más respetable, porque tiene más simpatía social; pero que no sea demasiado guapa porque es una amenaza para las demás, les digo que al divorciarse te sale una C en la frente de "Cama o Coger": todo mundo supone que la divorciada no se llevaba bien con su marido y que, seguramente, no cogía y ahora debe de morirse de ganas... y eso no es cierto totalmente. Ella entra en un mercado muy difícil, en México es así, y con hijos es peor, ¿quién se va a echar el paquete? Los varones tenemos mayor facilidad, incluso más simpatía, cuando nos abandonan porque "de seguro era una mala mujer la que lo abandonó", y hay muchas divorciadas cariñosas que a un abandonado no le vienen nada mal.

Entonces, el posdivorcio es muy complejo. De lo que se deduce no es ningún buen negocio, ni emocional ni financiero, divorciarse; pero a veces es absolutamente indispensable, las relaciones fallan y uno tiende a equivocarse, pero hay que meterle mucha estructura, anticipación, franqueza, no ambigüedades.

Atendía hace unas horas a una persona muy agradable que tenía una relación de matrimonio muy desafortunada, cero afinidades, lo único que más o menos se preservaba era una atracción física y una más o menos buena compatibilidad sexual. Se divorcian después de 30 años de matrimonio, cuando el último de los hijos se casa, y a partir de ahí la relación mejora, se llevan mejor, hay más amabilidad y retoman su vida sexual y ahora son amantes y se la pasan muy bien, como siempre, en ese plano. La mujer que me consulta me dice: "No me puedo librar de este hombre y me gustaría hacerlo porque creo que necesito otra pareja con más atributos intelectuales, porque por eso me divorcié de él, no somos pareja, tenemos compatibilidad sexual y eso es todo". Le conté la escena de la señora Jacobi en *Escenas de un matrimonio* y le dije que si no le preocuparía a ella su capacidad de amar, si le da miedo confrontar si la tiene o no, y le dije que valdría la pena que se lo planteara. Le impactó la historia y le conmovió la idea. Se trata de una mujer conservadora y muy respetable, a la cual le está costando trabajo asumirse como una divorciada total; meterse a la cama con otro señor cuando el único hombre con el que se ha acostado en su vida es su marido, se entiende que le cueste trabajo, pero la cosa cambiaría si ella llegara a tener dos o tres amantes y pudiera, ahora sí, confrontarse con la posibilidad de que pueda amar o no de una manera más global. Igual encuentra a alguien maravilloso o más afín y su marido sigue siendo maravilloso en la cama. Ahí las cosas caerán por su propio peso, seguramente diría: "bueno, ¿qué tan importante es para mí el sexo a estas alturas en un contexto más amplio, más amoroso, más completo? Como ves, es muy interesante este asunto que ella confronta.

SERGIO Es un horizonte emocionante el que tiene ante ella.

MARIO Sobre todo tratándose, como se trata, de una mujer independiente, muy agradable, y no dudo que haya estado casada con un buen hombre con el que no se entiende en nada, excepto en la cama. Ella me dice: "Es que la paso rebien, como nunca". Claro, se ven de vez en cuando, no hay decepción posible, no más de la que ya hubo.

En fin, en este mundo de los divorciados que yo conozco bien: he estado divorciado dos veces, y creo que para mí fue más fácil el postdivorcio en mi condición de varón, tenía más posibilidades de relacionarme con gente o, incluso, de ser más atractivo en el mercado matrimonial porque no tenía hijos. Para cualquiera, relacionarse con un divorciado que tenga hijos es un desmadre. Lo sé porque lo hice y es muy complicado. De hecho estoy casado por tercera vez con una divorciada con hijas y es muy complejo.

SERGIO Aunque las hijas de ella ya sean mayores no deja de ser complejo.

MARIO Te cuento, en aquellos años ser un divorciado de 28 años la primera vez y después ser un divorciado de 44 años sin hijos me hacía muy elegible y eso hizo que disfrutara de una época de "superabundancia" erótica, hasta me cansé un poco de una vida un tanto disipada que disfrutaba mucho, además estaba medio ardidón y vamos a darle vuelo a la hilacha..., por supuesto que ahí le pisé los callos a algunas damas que pudieron sentirse ilusionadas, habían invertido más emocionalmente en la relación que yo, que lo único que quería era divertirme y punto, y aunque lo planteaba muy claramente no dejaba de existir cierta expectativa de matrimonio de parte de ellas. Y aun así era bastante complicado porque ir a antros o ir a bailar mambo no es mi estilo, había veces en que simplemente quería conocer gente, no quería ni ligar ni acostarme y no había, hablo como varón, lugares agradables para hacerlo. Para una mujer de cierta edad, por arriba de 35 es mucho más complicado. Afortunadamente empezaron estas cosas de internet, que no sé bien a bien cómo funcionan, pero me han hablado de estos servicios y, en general, me han comentado que la experiencia no es mala.

SERGIO Quien toma el ligue por internet como una deshumanización es gente aparentemente muy liberal, pero profundamente puritana. Es una manera totalmente normal de conocer a una persona.

MARIO Estoy a favor abiertamente. Estos servicios de *Skype* donde las cosas son más reales no son una fantasía y la gente tiene una posibilidad de conocerse en una ciudad tan compleja como ésta, ¿por qué no?

SERGIO Respecto a la viudez hay una película con Jack Nicholson que se llama *Confesiones del señor Schmidt*, acerca de un tipo que se acaba de jubilar. Piensa viajar por Estados Unidos con su esposa, pero ella muere súbitamente. Lo más molesto para este nuevo viudo es la manera en que los demás tratan de cobijarlo o de hacer que se sienta mejor. "Entiendo perfecto lo que sientes porque perdí a mi prima hace seis años", es como si el mundo se volviera absurdo, o como si el absurdo fuera él. Poco antes de la muerte de su esposa, ve un anuncio en la tele que lo conmueve, y le envía dinero y una carta a un niño en Tanzania. Luego de la muerte de su esposa, las cartas al niño se vuelven cada vez más personales e intensas. Me imagino que él se siente como ese niño, fuera del mundo. Un día llega a la oficina donde ya se jubiló y lo ven con cara de ¿qué hace aquí? "Estorbas, papá; estorba, señor". Eso le da un extrañamiento muy grande por su mujer, así que se pone a revisar sus pertenencias y encuentra una carta donde descubre que su mujer le fue infiel con un amigo mutuo, pero hace 30 años. Así que busca al amigo para madreárselo porque lo traicionó con una mujer que ya está muerta.

Hay una frase de John Mellencamp, en su canción "Jack & Diane", que dice: *La vida continúa mucho después de que la emoción de vivir ya se acabó.* La película no habla sólo de la viudez, sino también de la vejez. Y no todos los viudos son viejos, pero es lo habitual. ¿Qué sucede con la viudez?

99 Cuando tú te hayas ido
me envolverán las sombras,
cuando tú te hayas ido,
con mi dolor a solas.

Evocaré este idilio
de las azules horas.
Cuando tú te hayas ido
me envolverán las sombras.

—Rosario Sansores, "Sombras"

Mario Al principio de estas conversaciones te comentaba, como un antecedente importante para haberme metido en estos rollos de la pérdida, que mi incursión en el tema de la muerte tuvo todo que ver con una invitación de la Asociación Mexicana de Tanatología para una impartir una conferencia. Lo que a mí se me ocurrió fue hablar de la muerte en la pareja, la muerte de uno de sus integrantes. Yo no confío mucho en los textos "oficiales y profesionales" sobre estos asuntos, me refiero a lo que ya hemos repasado de Freud, Deutsch y otros autores, que considero erróneos en algunos aspectos y no muy convincentes en otros, y lo que hice fue ponerme a leer bibliografía no técnica pero sí testimonial, de primera mano, y allí descubrí maravillas como Joan Didion y Rafael Yglesias. Esos dos libros trataban sobre procesos de viudez diferentes porque eran parejas con 20 años de diferencia, es decir, Joan Didion y Gregory Dunne andaban en los 70, Joan acababa de cumplir 70 y Gregory tenía 74; en el caso de Rafael Yglesias y su esposa, él era ligeramente menor que ella, andaría por los 50 y ella por los 54; o sea 20 años de diferencia entre ambas parejas. Otra diferencia es que en el caso de Joan la muerte de Gregory es abrupta, como lo dice ella: "La vida cambia en un segundo, lo que era tu vida ya no vuelve a ser lo mismo", porque Gregory cae muerto de manera fulminante, le da un ataque cardiaco masivo. ¡Qué muerte misericordiosa!, cualquiera pensaría: estar con la mujer que más has amado en la vida y que te pegue el ataque y mueras en dos segundos... No estaría tan mal para ti, pero para ella... Todo eso implica un proceso de viudez diferente, además de que las condiciones de Joan son muy particulares porque su hija está gravemente enferma en el hospital.

Quiero señalar aquí que se trata de una viudez abrupta, mientras que en el caso de Yglesias la viudez es resultado de un proceso largo, de una enfermedad, un cáncer ovárico que mata a esta mujer después de tres o cuatro años, quizás cinco, después de una brutal batalla contra el cáncer. Esta mujer se va consumiendo, va destruyéndose en este proceso tan doloroso física y psicológicamente para ella y para él. Rafael Yglesias, para elaborar su duelo, tiene la necesidad de escribir el libro que escribe (*A Happy Marriage*) y reconstruir o replantearse la historia de los dos y, sobre todo, inventar, presuponer que su mujer ha vivido ciertos procesos con él de determinada manera. Él tiene que construir y narrar la narrativa de ella, sea esto cierto o no, en una idea aproximada de lo que él conoció de ella, de lo que ellos mismos hablaron, cartas, recuerdos de ella. No está inventando que el personaje de la esposa que dice: "Yo me enamoré de Rafael", no, hay una carta donde dice: "Yo me enamoré de Rafael"; él utiliza una técnica novelesca y el proceso de escribir esto es lo que le permite afrontar y procesar el duelo.

Ya hablamos brevemente de otro libro muy conmovedor, *Grieving a Soulmate: The Love Story Behind "Till Death Do Us Part"* [*Duelo por un alma gemela: la historia de amor detrás de "hasta que la muerte nos separe"*], donde Robert Orfali narra el proceso de enfermedad y muerte de su mujer, Jeri Edwards, quien enferma de cáncer de ovario a los 47 y muere 10 años después. Se trata agresivamente con una quimioterapia durante 10 años, sorprendentemente dura estos 10 años: sólo 20% de las mujeres con ese tipo de cáncer, a esa edad y en el estadio que se

lo descubren, sobrevive más de cinco años, ex-
cepcionalmente más de siete. Esta mujer tiene
un récord mundial. Claro, con todos los recursos de la medicina y con algo muy interesante
que fue un factor terapéutico fundamental para
ella: esta mujer vive en Hawái y aprende a sur-
fear, está convencida de que el mar y la relación
con el mar fue lo que le permitió vivir más años.
Este hombre, Robert, escribe el libro a manera
de crónica. Es un libro dividido en varias partes:
la crónica misma del proceso de los últimos 10
años de Jeri, el diagnóstico, la enfermedad, los
tratamientos; el siguiente proceso, brutalmente
crudo y despiadado en el mejor de los sentidos,
la muerte de Jeri. Orfali habla de cómo la maquinaria humana sufre, tiembla; la respiración agita-
da, los estertores de la muerte. Este hombre, con
una valentía y entereza extraordinarias, hace una
descripción clínica de cómo muere su mujer y va
entendiendo el proceso de acompañar a su mujer en el enfermar y el morir como el último acto
de amor, la última compenetración de una pareja
donde todo es inverso al proceso del nacimiento: el nacimiento es del no ser al ser y la muerte
es del ser al no ser. Para él es muy importante
entender y contender con lo que pasa después,
especialmente porque ella muere plácidamente y
él no está con ella en ese momento. Va a su casa
a descansar, está agotado y ella muere. A partir
de allí el hombre entra en un dolor intensísimo
y confronta por primera vez lo que llama "ataques o explosiones de duelo", de pena. Él mismo
lo dice: son los procesos internos que uno sufre
ante la muerte inmediata de tu pareja, durante
los rituales sociales o ceremonias del funeral y

sepelio y, después, cuando llega la permanente ausencia.

Este hombre tiene que contender con estos ataques de dolor y lo hace, como buen ingeniero de sistemas que es, estructurando las cosas. Él sí que *trabaja* el duelo: lo elabora, lo maneja, lo confronta. Algo que no tiene que ver con aquellas historias freudianas o de acordarte de todo. Se trata de resignificar el dolor mismo, tratar de ver qué es lo que dispara ese dolor, en qué momentos entra, dónde poner ese dolor y observarlo, partirlo, descomponerlo para irlo manejando y superando porque no se puede vivir así, es terriblemente doloroso y lo saca del ritmo de la vida. Él solamente lo puede hacer, no lo puede hacer nadie más por él. No cree en los psicoterapeutas —por lo menos no en los de corte tradicional— y entonces él mismo tiene que ser su terapeuta. No cree en Dios y mucho menos en sus autoproclamados representantes, por tanto tiene que ser su sacerdote y su filósofo, encontrarle un sentido existencial a la muerte y confrontarse con su propia mortalidad —"el que sigue soy yo"—, con su propia fragilidad y vulnerabilidad, y además, desentrañar el misterio de esta muerte tan tranquila y tan en paz de su mujer.

99 Buckets of rain
Buckets of tears
Got all them buckets comin' out of my ears
Buckets of moonbeams in my hand
I got all the love, honey baby
You can stand

—BOB DYLAN, "Buckets Of Rain"

Tiene varias áreas que trabaja, que llama "cubetas", donde deposita y clasifica qué desata o dispara los ataques de dolor o pena: por lo no dicho, por lo dicho, por los recuerdos felices, por cuestionamientos existenciales, una cubeta especial donde pone los ataques de dolor por no eventos —cosas que debieron haber ocurrido pero no ocurrieron—. Además identifica cuándo y cómo lo atacan. Por ejemplo, tiene ataques de dolor sistemáticos cuando entra a bañarse. Le empieza a pegar el agua de la regadera en la cara e inmediatamente experimenta un dolor agudo e intensísimo, el llanto lo inunda. Rápidamente entiende que él tenía una rutina: cuando la acompañaba a las sesiones de quimioterapia la dejaba en el hospital muy temprano por la mañana, regresaba a su casa, se bañaba, y en el momento en que se bañaba le conmovía mucho la idea de Jeri sola, rodeada por las enfermeras, por los médicos, pero sin él. Una vez que ella muere, al bañarse lo asalta de lleno la imagen de la desolación de ella en la sala de quimioterapias y le provoca una cosa terriblemente dolorosa. Y se descompone, pero entiende todo su proceso de evocación, en ese momento deja de llorar en la regadera. Y no se trata de dejar de llorar, se trata de poder controlar esta emergencia tan abrupta y brutal de dolor. Más que controlar, matizar, modular el dolor, y lo logra con su particular y bastante eficiente metodología.

Como recordarás, Joan Didion y su esposo no tuvieron hijos propios y adoptaron una niña, ya grandecitos. Debieron haber tenido 40 o 50 años cuando lo hicieron. Durante muchos años vivieron el uno para el otro, trabajaban juntos en cuartos contiguos, eran almas gemelas, muy entregados, muy amorosos y enormemente sofisticados. Rafael Yglesias y su mujer tuvieron dos hijos y entonces ellos son parte del proceso del acompañamiento de la mamá en los días finales, no son tan uno a uno. Jeri y Robert Orfali deciden, cuando se conocen y empiezan a ser amantes, no tener hijos y ser uno para el otro, son socios y trabajan juntos en una empresa para *software* y son muy exitosos, dan conferencias internacionales.

Con esta breve descripción espero que quede claro que estamos hablando de parejas que tienen una calidad excepcional, no es lo habitual, desafortunadamente.

Como ya he dicho más de una vez, hay esta cosa irónica: si la pareja fue lindísima y sensacional, el dolor va a ser del mismo tamaño. La pregunta es si vas a poder con él, y te respondo: seguro que sí, la relación se nutre de sí misma, y si la relación fue amorosamente plena, el final lo será también.

Yo atendí hace años a una mujer que me caía muy bien. Se parecía a la actriz Amparo Rivelles. Esta señora, a la que llamaré doña Márgara por ponerle algún nombre, vino a atenderse por una depresión de la que no conseguía salir, la habían atendido varios colegas y no pudieron hacer nada por ella. Tenía una depresión con un dolor profundísimo pero era una depresión rara: para empezar porque había enviudado cinco años antes, era una mujer de alrededor de 60 años, enviudó cuando tenía 55 y se había casado a los 45, porque durante 20 años había atendido a su papá que estaba hemipléjico y seguía ayudando a la mamá, que todavía estaba viva en el momento en que ella me consulta. Márgara no se casa por atender al papá, luego se encarga de los negocios familiares, es muy eficiente como empresaria y hace crecer el negocio y luego muere el padre, ella se ve más liberada de eso y sale, se empieza a divertir, conoce al que sería su marido, que es 10 años más grande que ella, se casan y pocos años después este caballero se enferma y ella lo tiene que cuidar hasta que muere, es aquí donde ella entra en una depresión pavorosa, no sin antes hacerse cargo de los negocios del marido cuando aún estaba en vida y los hace crecer de una manera importante, es una mujer muy rica, que además se dio tiempo para tener dos hijos, se embarazó a los 45 y a los 47 años, una mujer muy fuerte con una capacidad impresionante que me decía: "Estoy muy deprimida, doctor, pero quiero vivir". Y yo le pregunto: "¿Usted trabaja?", y me dice, muy seria y elegante la señora: "Sí, como loca, trabajo ocho horas al día, están a mi cargo 18 joyerías y 24 tiendas de autoservicio y soy parte del consejo de administración de otras empresas".

Algo muy extraño. ¿Cómo podía tener una depresión de tal grado durante tantos años con tal nivel de actividad y atendiendo, además, a dos hijos? Entonces le dije una de las salvajes interpretaciones que solía hacer cuando era más joven y brusco: "Doña Márgara, yo creo que usted no sale de esa depresión porque es un mecanismo de defensa para no deprimirse en serio. Está usted deprimida pero no mucho, porque trabaja como un torbellino y atiende a sus hijos, necesita estar un poco deprimida porque si se deprimiera en serio se mataría". Ella pega un brinco y me dice: "De qué me está hablando doctor". "Mire, Márgara, usted no vivió sus duelos, está cuidando a su papá y se muere, se casa con este señor, alcanza a tener dos hijos y luego el señor se enferma y muere, todo eso es como para tener una rabia espantosa con estos hombres que no le sirven para nada, yo creo que usted está deprimida para no ponerse rabiosa y darse cuenta que sólo le sirvieron para abandonarla. Se deprimiría más y se daría un tiro". Se enojó muchísimo cuando yo le dije eso. Claro, lo hizo de una manera muy elegante, pero resulta que a la tercera consulta estaba mucho mejor y yo me dije: "¿qué hice?", seguramente algo hice, esta mujer había vivido dos procesos, por así decirlo, de viudez, una mujer enormemente vital porque si no, no hubiera podido con ninguna de las dos situaciones, más las empresas, más lo hijos que eran adolescentes cuando ella era una mujer de 60 años… y podía con ellos. Según yo, algunos procesos de viudez se ponen muy dolorosos para no ponerse más dolorosos, espero explicarme bien.

Sergio De algún modo, sí.

Mario Siempre he considerado que la depresión como una entidad clínica es una especie de mecanismo de defensa, es como la tristeza pero a lo bestia. Experimentas tristeza cuando pierdes algo, tu casa, tu coche, tu pareja, en fin, te pones triste y en el estado de tristeza te aíslas un poco, estás volcado hacia ti mismo y quieres estar contigo y a solas pensando reiteradamente en la pérdida y qué tuviste que ver, cuál fue tu responsabilidad en esa pérdida: "¿qué tan responsable fui de que ella me dejara, o que tan responsable fui de que mi perrita se muriera, o de mi pérdida de prestigio profesional?" Y una vez que uno tiene la respuesta: "en efecto lo fui por esto y por aquello, o simplemente no lo fui, la perrita tenía 10 años, la mujer que me dejó entró en una crisis existencial y a lo mejor ni siquiera quería dejarme y hacerlo era parte de su crisis," por ejemplo, y en ese momento la tristeza se atenúa y sales de ella.

Dicho de otra manera, la finalidad o el para qué de la tristeza es salir de ella. Digamos que la tristeza existe para desaparecer, para que se solucione toda vez que tienes clara la responsabilidad que tienes o tuviste en la pérdida. La depresión no, la depresión es otra historia porque aquí la tristeza, que es el núcleo de la depresión, en lugar de solucionarse se incrementa, se acentúa, se profundiza y entonces te vas deprimiendo porque va invadiendo diferentes áreas de tu vida: no te puedes concentrar, no duermes bien, pierdes el apetito y todo el tiempo estás sintiendo que eres una mierda, que eres culpable de lo que te ocurre, y te dices continuamente: "soy un pendejo, soy una cucaracha, no merezco vivir, y llegará el día en que te pegues un tiro".

En la depresión hay una mayor limitación a salir, a hablar, como que tienes un mínimo de energía que hay que conservar. Creo que ambas, tristeza y depresión, te protegen, pero el problema con la depresión es que entras en una espiral descendente y terminas matándote o ni siquiera tienes ánimo para suicidarte. Entonces te dan un tratamiento y ya tienes energía para matarte. Cuando alguien sufre una pérdida por muerte, la mayor parte de la gente se entristece y le puede costar menos o más trabajo salir de ahí. Sólo escasas personas llegan a tener una depresión mayor o grave, por la pérdida por muerte o por la pérdida de la pareja, afortunadamente.

SERGIO Entonces lo que usted le quiso decir a doña Márgara es que la depresión que tenía era un mecanismo de defensa para no digerir 20 o 30 años de su vida perdidos.

MARIO Exacto. Años dedicados a alguien más, el padre, que tuvo el mal gusto de enfermarse y no morir pronto y limitarla importantemente para tener la vida de una persona joven, o el marido, que enferma y muere y le corta toda la posibilidad de tener una familia integrada.

SERGIO En el fondo está furiosa con el padre y con el marido muerto, y en la superficie tiene esta depresión para no entrar en un estado de furia estéril porque "yo no pude hacer nada".

MARIO Eso, los años perdidos, ella se enfrenta a esta doble pérdida, y es mejor enfrentar sólo una: la pérdida del marido, no toda una vida. A eso es a lo que me refiero, ella perdió muchos años o los ganó, no sabemos, pero afrontar eso, toda una vida dedicada a alguien más, está bastante rudo de digerir airosamente.

SERGIO ¿Y qué pasó después?

MARIO Se enojó, volvió dos veces más y un día me dijo: "Doctor, estoy entre molesta y agradecida con usted, ciertamente estoy diferente, pero no voy a volver a terapia". Dos años después me la encontré en la fila del banco, muy bien conservada y tan bien vestida como siempre y me dijo: "Doctor, no sabe cuánto lo he odiado, pero me ha servido mucho hacerlo porque estoy mejor". Yo casi lloro de la emoción y me dije: "Mira, no sé exactamente cómo le hice pero algo pasó con esta mujer y está mejor". Vi que la estaba esperando una jovencita que me imagino era su hija, y así, con una sonrisa entre las dos se fueron caminando juntas y yo dije: "¡Ahhh, que a toda madre! Esta mujer está en la vida que quería vivir, cuando tenía todas las razones para aventarse por la ventana". Quizás no se atrevía a "soltar" el duelo porque, y ésa era otra hipótesis que también le expresé en plan de exploración: "Doña Márgara es que a usted no le queda otra que seguir en el duelo porque es lo que corresponde a un gran amor, usted tiene que estar deprimida porque se le fue el gran amor de su vida, si estuviera mejor, quizás eso querría decir que no lo quiso tanto, así tiene usted la obligación de estar deprimida". Imagínate, Sergio, ese tipo de cosas le decía yo a la gente, hasta pena me da contártelo. El ser humano es extraordinario y muchas veces sana a pesar de sus médicos.

SERGIO Bueno, uno va cambiando de estilo. ¿Cuántos años tenía usted?

MARIO Treinta y pocos.

SERGIO Uno es muy bestia a esa edad.

MARIO Pero muy bestia. Además me pagaba por la consulta.

SERGIO Era una señora muy decente.

MARIO Sí, sin duda.

SERGIO Al hablar de muerte necesariamente hablamos de espiritualidad, ¿no?

MARIO Creo que la muerte te mete ahí, en especial cuando alguien muy cercano fallece.

SERGIO Tengo el impulso de preguntarle si usted cree en Dios.

MARIO No, no creo.

SERGIO Mientras me platicaba de estas muertes por cáncer, me acordé de una obra de Tom Stoppard llamada *Rock 'n' Roll*, en la que uno de los personajes es una bella mujer dedicada a las letras, experta en la poeta griega Safo. Su marido es un comunista de hueso colorado —en Inglaterra, lo cual es bastante cómodo—. Al acercarse a la vejez, ella contrae un cáncer y le tienen que amputar ambos senos.

En una escena se enfrasca en una discusión en la que su marido le dice que los seres humanos no somos más que vísceras y huesos. Ella enfurece, se descubre el pecho y le dice algo como "¡No te atrevas a decirme que no soy nada más que esto!". Ante tal despliegue, la soberbia del marido recibe un golpe mortal. No quiero decir que no creer en Dios sea un acto soberbio, porque algunas de las personas más soberbias del mundo son los fanáticos religiosos, que se creen en contacto directo con Dios.

Pero la muerte nos lleva a Dios de algún modo, además no sabemos qué pasa después, nadie lo sabe.

MARIO Yo me adhiero a una corriente que en términos técnicos se llama panteísmo, y que plantea la unión de todo el universo, Dios, si quieres verlo así, es el universo entero y cuando mueres te reintegras al todo, y a lo largo de las eras pasas a ser algo más y en una de ésas, teóricamente al menos, hasta reencarnas, cosa que veo muy complicada y en la que no creo. En esta visión panteísta no es necesario un dios, es suficiente pensar en el cosmos o universo del que formas parte.

Todas las religiones organizadas te prometen un después de la vida, un plan de jubilación, pues, y yo creo que te lo prometen por el terror que tenemos a morir, y entonces hay un salvador o una salvación y ya estuvo: no más temor a la muerte. Curioso estado de cosas porque nadie habla de la muerte, nadie se atreve a imaginar o suponer su fin. Esto que estoy diciendo parece muy extraño, pero en el fondo de cada uno de nosotros no creemos que nos vayamos a morir. Sabemos que sí, por supuesto, pero no lo creemos.

SERGIO Es lo que dice don Juan Matus: "Uno dice que sabe que va a morir, pero en el fondo no lo cree".

MARIO Todas las religiones ofrecen un plan de jubilación que uno toma sin pensarlo mucho. Lo entiendo perfectamente, pero desde mi perspectiva no es necesaria una religión y claro, cuando alguien muere invariablemente te mete en las grandes preguntas: ¿para qué la vida? ¿Por qué la muerte?, ¿cuál es su sentido?

SERGIO ¿Robert Orfali también es panteísta?

MARIO Sí, y su mujer que también lo era, aunque ella venía del cristianismo. Él dice algo muy interesante que ella expresó en algún momento: que el dios cristiano es un dios que se gestó en el Medio Oriente, en el desierto, en un medio que es enormemente hostil, entonces en ese entorno, el hombre lucha contra Dios y Dios contra el hombre, y ahí se gesta una religión de lucha. No puedes tener una religión así en Hawái. Es demasiado bello, de ahí surge una posición o religión panteísta donde uno se une con el todo, una religión más alegre, más generosa y con varios dioses, y está la presencia del mar como la metáfora del todo... Y, por ahí se va Robert y es así como él resuelve a su manera estas dudas existenciales de cómo ella pudo haber vivido el último instante de su muerte, el hecho de pensarlo y construirlo le permite a él dejarla ir.

SERGIO **Eso es lo más importante en la pérdida de una persona, dejarla ir.** La actriz Vanessa Ciangherotti tiene una hija con el también actor Roberto Sosa.

La chica se llama Vaita. Cuando era bebita, Vanessa le compró un globo y Vaita estaba feliz con el globo. De repente se distrajo, abrió su manita y el globo fue flotando. Vanessa pensó que Vaita se iba a poner a llorar, pero en vez de eso miró al globo elevarse, sonrió y le dijo: "¡Adiós!". Cuando Vanessa platicó esto, me despedí de ella rápidamente y me puse mal porque estaba justo en el proceso de dejar ir a alguien. Me acuerdo y me conmueve mucho porque al final, de lo que se trata este libro es del desapego, de soltar el globo.

MARIO Dejar a la persona ir y al mismo tiempo crear una relación interna con ella, más tranquilizadora, más dadora de vida, y no esta cosa espantosa de "me quiero morir".

SERGIO Crear esta relación interna no solamente con alguien que murió, sino también con alguien que sigue vivo.

MARIO Ésa es precisamente la chamba del duelo.

99 Lo que no puedas resucitar, entiérralo,
lo que no puedas decir con palabras, escríbelo,
lo que no puedas soportar, sopórtalo
y lo que odies más, ámalo.
Y recuerda siempre esto:
De siete veces que te caigas levántate ocho.

—GIÓRGOS PAVRIANÓS y STÁMOS SÉMSIS
Fragmento de *Siete veces*, canción griega

PARA SABER MÁS...

Panteísmo Es una creencia o concepción del mundo y una doctrina filosófica según la cual el universo, la naturaleza y Dios son equivalentes. La ley natural, la existencia y el universo (la suma de todo lo que fue, es y será) se representa por medio del concepto teológico de "Dios". La palabra está compuesta del término griego πᾶν *(pan)*, que significa *todo*, y θεός *(theos)*, que significa "Dios"; así se forma una palabra que afirma: "todo es Dios".

Así, cada criatura es un aspecto o una manifestación de Dios, que es concebido como el actor divino que desempeña a la vez los innumerables papeles de humanos, animales, plantas, estrellas y fuerzas de la naturaleza. En el panteísmo se enfrentan dos términos: *Dios* y *mundo*. El panteísmo procede a identificarlos. El resultado ha de ser un monismo, que puede adoptar diversas caracterizaciones.

Epílogo de un epílogo

Sergio Zurita

99 Mary ¿En qué estás pensando?
Isaac No sé, pensaba que algo debe estar mal
conmigo, porque nunca he tenido una relación que haya durado más que la de Hitler y
Eva Braun.

Woody Allen y Marshall Brickman,
Manhattan

Según la Real Academia Española, un epílogo es "la
última parte de algunas obras, desligada en cierto modo
de las anteriores, y en la cual se representa una acción o se
refieren sucesos que son consecuencia de la acción principal o están relacionados con ella".

Bajo esa definición, todo este libro podría llamarse
Epílogo, ya que toca la última etapa de las relaciones amorosas: la terminación, que en cierto modo está desligada a
las anteriores, pero es consecuencia de la acción principal:
la relación misma.

Los epílogos, al igual que los prefacios y las introducciones, son entes extraños. Nadie sabe muy bien qué hacer con ellos. Mucha gente se los salta, o se espera al final para leerlos, si el libro en verdad le interesó.

Lo mismo ocurre con las relaciones de pareja. Nos aventamos a ellas como el Borras: "mi analista me advirtió que no me casara contigo, pero eras tan bella que cambié de analista", le dice Woody Allen a Meryl Streep, luego de que ella lo abandona, nada menos que por otra mujer.

Pero no sólo le entramos a la pareja como toros en cristalería; también nos salimos a lo loco, muchas veces dejando rastros de sangre (*Blood On The Tracks*, se llama el disco donde Bob Dylan describió su divorcio en 10 descarnadas canciones —10 *tracks*, que también significa "huellas" o "rastros".)

Luego de más de dos décadas de ser su paciente y de haber colaborado con él en dos libros, pienso que una de las grandes virtudes del doctor Mario Zumaya es que no es un traficante de la esperanza. No vende el cuento del final feliz. "A veces uno se enferma y no mejora", canta John Mellencamp en *The Longest Days.* El doctor Zumaya bien pudo haber compuesto esa balada, si en vez de estar en su consultorio trajera una guitarra al hombro, dando consulta en bares para *cowboys.*

Sin embargo, el doctor Zumaya tampoco vive la pose del pesimismo. Sabe, como Bruce Springsteen, que "no es un pecado alegrarse de estar vivo" (*Badlands*, 1978) y también comulga, aunque nunca me lo haya dicho directamente, con la idea de que la única responsabilidad moral del ser humano es ser feliz, y esa felicidad se obtiene trabajando. Trabajando en la profesión que uno eligió o trabajando en la pareja.

Furiosamente anticlerical, a Mario Zumaya le repugna todo lo que el cristianismo representa. La idea de la vida después de la vida, a la que se refiere como "plan de jubilación", le parece ridícula, y también la idea del sacrificio personal en aras del bienestar de la sociedad.

No divorciarse porque "qué van a decir los Corcuera" le parece una imbecilidad, y muchos otros motivos para no poner fin a una relación insatisfactoria le retuercen el estómago. Pero tampoco es un divorciador profesional: "El divorcio es un proceso dolorosísimo que no le deseo a nadie", dice. Pero a veces hay que amputar, antes de que el organismo entero se gangrene.

Escribo estas líneas en pleno proceso de divorcio. Hace seis semanas me separé de mi mujer y estoy en contacto con un abogado que llevará a cabo los trámites. No voy a entrar en detalles, pero debo decir que, ante la pérdida, leer este libro ha sido de gran ayuda.

"¿Leer el libro?", "¿qué no es usted uno de los autores?" Sí, pero no lo había leído como tal; sostuve las conversaciones con el doctor y volví a ellas hasta que estuvo lista la transcripción.

En la primera conversación, queda claro que el cerebro es un incansable solucionador de problemas. Si tuvimos una madre mentirosa, el cerebro nos buscará una novia mentirosa para resolver esa asignatura pendiente. Pero el cerebro de cada quien usa los recursos que tiene.

Con este libro fresco en la memoria, tuve la sensación de que me estaba convirtiendo en un detective de mí mismo. Pude hacer —aunque suene despiadado— una autopsia más precisa de mi relación, y aunque la autopsia no sea resucitación, proporciona una tranquilidad que permite vivir un luto mucho más llevadero.

Hace año y medio me casé y no me arrepiento. Aún pienso en mi boda como uno de los días más felices de mi vida. Tampoco me arrepiento de haberme divorciado. Al principio me preocupó, como a Woody Allen, que mi matrimonio terminara tan pronto ("¿Habrá algo malo conmigo?"). Pero sé que no lo decidí precipitadamente; le di mi todo a la relación y no funcionó. Y el alivio que da salirse de una relación que ya dejó de serlo es muy reconfortante.

En cuanto a la pérdida por muerte, el libro me ha hecho dar un paso más hacia la aceptación de que todos nos la toparemos tarde o temprano, y por eso hay que vivir ahora mismo: "Es más tarde de lo que crees", canta Guy Lombardo.

Soy afortunado de no haber sufrido una pérdida tan grande aún, pero probablemente ocurra algún día. Y si no, vendrá lo inevitable: mi propia muerte, que es la otra cara de la moneda del amor.

Harold Pinter lo dice mejor que nadie en su poema "Conozco el lugar":

> Conozco el lugar.
> Es verdad.
> Todo lo que hacemos
> corrige el espacio
> entre la muerte y yo
> y tú.

Sólo una cosa más. El doctor Zumaya y yo hicimos un libro sobre la pareja y me casé. Luego hicimos éste, sobre la pérdida amorosa, y me divorcié. Si me pide que hagamos uno sobre el suicidio, de una vez le advierto que le voy a decir que no.

Irse o dejar ir. La pérdida amorosa,
de Mario Zumaya & Sergio Zurita
se terminó de imprimir y encuadernar en septiembre de 2012
en Quad/Graphics Querétaro, S. A. de C. V.
lote 37, fraccionamiento Agro-Industrial
La Cruz Villa del Marqués QT-76240